Moderne Vampire
Eine toxische Beziehung

Von Minna Muray

Bibliografische Information der Deutschen Nationalbibliothek: Die Deutsche Nationalbibliothek verzeichnet diese Publikation in der Deutschen Nationalbibliografie; detaillierte bibliografische Daten sind im Internet über dnb.dnb.de abrufbar.

Verlag: BoD · Books on Demand GmbH, In de Tarpen 42, 22848 Norderstedt

Druck: Libri Plureos GmbH, Friedensallee 273, 22763 Hamburg

ISBN: 978-3-7583-6458-7

Kapitel

FÜR ULLI

MODERNE VAMPIRE

Sie sind mitten uns. Leben an unserer Seite, sind gar Teil der Familie, oder des Freundeskreises. Können uns jederzeit begegnen.

Sie saugen das Leben aus einem heraus und zurück bleibt oft nur eine leere Hülle. Ohne Seele. Ohne Energie. Gebrochen und zerstört. Und nicht selten endet es tödlich.

Man kann sich ihnen entziehen, kann sich schützen. Ihnen den Zugriff erschweren und das eigene Leben bewahren. Wenn man sie erkennt. Wenn man ihnen einen Spiegel vorhält und ihnen den Zugang zu seiner Seele und Lebensenergie versagt.

Doch dafür muss man wissen, dass es sie überhaupt gibt.

Die Rede ist von Narzissten. Oder genauer von NPS, von Menschen mit narzisstischer Persönlichkeitsstörung. Diese Menschen leben von der Seele, den Energien und den Gefühlen anderer Menschen.

Entzieht man ihnen diesen Zugang, verlieren sie ihre Macht über Einen. Erkennt man sie rechtzeitig, kann größerer Schaden abgewendet werden.

Leider ist mir das erst sehr spät gelungen und hätte auch mich fast mein Leben gekostet. Auch so habe ich fast Alles verloren, denn die Rache eines echten Narzissten kann grausam sein. Sie gehen im wahrsten Sinne des Wortes über Leichen. Mitgefühl, Reue oder Moral sind ihnen unbekannt. Im Gegenteil, all dies Eigenschaften fehlen bei NPS und das macht sie so gefährlich.

Wir reden von einer schweren psychischen Störung.

Von Menschen mit Zügen antisozialen, teilweise schon psychopathischem Verhalten. Nur leider war mir das unbekannt. Ich wußte nichts davon. 25 Jahre lang habe ich an der Seite eines solch gestörten Menschen gelebt und nichts bemerkt.

Naja, bemerkt schon, aber ich wußte nicht, dass es für adieses seltsame Verhalten einen Namen gibt. Wußte nicht, dass ich mit einem psychisch schwer gestörten Menschen zusammen lebte.

Kam überhaupt nicht auf die Idee, dass ich nicht einen Mann, einen gesunden Menschen, sondern einen Seelenvampire liebte.

Niemand hat es bemerkt. Niemals, in 25 Jahren, fiel das Wort NPS.

Niemand hätte vermute, dass hinter diesem charismatischen Mann ein zutiefst verstörtes Kind steckte. Und nach wie vor ist Vielen nicht bekannt, dass es diese psychische Störung überhaupt gibt. Dass Mitmenschen davon betroffen sind und - unerkannt - unter uns leben.

Man kann sie nicht bekämpfen, dass würde auch wenig Sinn machen. Aber man kann sie erkennen und sich so bewußt vor ihnen schützen und da hilft nur Aufklärung.

Deshalb schreibe ich dieses Buch.

Denn das Traurige ist, dass die meisten Narzissten oft gar nicht wissen, dass sie Narzissten sind. Und selbst wenn es ihnen bewußt ist, werden sie Alles versuchen, dieses Geheimnis zu schützen und unerkannt zu bleiben. Ihr Dasein, all ihre Bedürfnisse ihr ganzes Sein ist abhängig von den Energien andere Menschen. Ihrer Opfer. Und das funktioniert nur, solang sie nicht als das erkannt werden, was sie sind. Moderne Vampire, die Leben zerstören.

Aber so wie es - laut Legende - bei Vampiren eindeutige Warnzeichen, oder typische Merkmale gibt, die auf ihr Wesen hinweisen (Kein Spiegelbild, kein Tageslicht, kein Knoblauch, usw.) gibt es diese zum Glück auch bei den modernen Vampiren.

RED FLAGS die einen Seelenvampir identifizieren.

Eingeweihte und Betroffene mögen diese Begriffe bereits vertraut sein. Für "Neulinge" auf diesem Gebiet, werden diese typischen Merkmale (RED FLAGS) im Laufe dieses Buches genau benannt und erklärt. Auch anhand meiner eigenen Erfahrung und Geschichte. Und die ist lang. Denn ich lebte ein Vierteljahrhundert an der Seite eines modernen Vampirs.

Meine Motivation für dieses Buch ist meine eigene Geschichte und natürlich vor Allem für die Opfer von Narzissten geschrieben.

Für die, die es waren, so wie ich und es geschafft haben sich aus dem Bann und Einfluss dieser Energiefresser dauerhaft zu lösen.

Dafür meine Anerkennung, mein tiefstes Mitgefühl und beste Wünsche für ein neues freies Leben! Mögt ihr trotz aller Schäden, die man Euch zugefügt hat, glücklich und frei weiterleben.

Für die, die sich in einer toxischen Beziehung befinden und sich - so wie ich - immer wieder fragen, was eigentlich nicht stimmt.

Mit Euch, liebe Leidensgenossen, stimmt wahrscheinlich Alles, ihr seid nur dummerweise an einen modernen Vampir geraten. Lest das Buch, erkennt und entscheidet dann, ob ihr auf Dauer die Kraft habt, weiter in einer toxischen Beziehung zu leben.

Wie immer ihr Euch entscheidet - ich wünsch Euch viel Kraft und Erfolg.

Aber auch im Gedenken an all Jene, die es nicht geschafft haben, wie meine Vorgängerin. Deshalb ist ihr dieses Buch gewidmet. Sie nahm sich das Leben, weil sie sich schuldig fühlte und voller Scham war. Weil sie eine innere Leere empfand, die nicht mehr zu füllen schien. Weil ihre Seele tiefe Wunden trug.

Nur wußte sie, meines Erachtens, nie woher all dies stammte.

Vielleicht hätte dieses Buch sie retten können.

Für Dich, Ulli.

NARZISSMUS - PERSÖNLICHKEIT - STÖRUNG

Um ein besseres Verständnis für das Gesamtbild einer NPS zu erhalten, lohnt es sich, die Bedeutung dieser Begriffe im Einzelnen genauer zu beleuchten. Dabei geht es mir nicht um wissenschaftliche, oder psychologische Studien, sondern um einen grundsätzlichen Überblick. Diese Buch soll helfen, besser wahrnehmen, verstehen und erkennen zu können.

NARZISST

Umgangssprachlich bezeichnet dies einfach nur einen Menschen, der selbstverliebt und stark von sich überzeugt ist. Hier liegt aber nicht unbedingt eine Störung vor, sondern es ist einfach ein Teil seiner Persönlichkeit.

Eitel, Selbstherrlich, überheblich, vielleicht auch realitätsfremd, was die Wahrnehmung der eigenen Person anbelangt. Aber harmlos.

Nervig in seiner permanente Selbstdarstellung, irritierend in der Verherrlichung seiner Person, unsympathisch durch seine Arroganz und Egozentrik. Aber nicht schädlich.

Viele Eigenschaften, die einen normalen Menschen mit stark narzisstischen Tendenzen ausmacht, mögen bestenfalls Missfallen erregen, aber sie richten keinen ernst zu nehmenden Schaden an.

Man leidet nicht darunter. Kann diese Menschen einfach meiden und sich ihnen problemlos entziehen. Nicht so bei modernen Vampiren.

Denn hier wird immer auch das Umfeld in Mitleidenschaft gezogen. Die psychischen Störung führt zu Verhaltensweisen, oder Handlungen, die immer und sehr wohl Schäden bei Anderen verursachen. Das gilt für alle Persönlichkeitsstörungen, denn davon gibt's ja noch ein paar mehr.

Gemeinsam haben all jene klar diagnostizierte psychische Persönlichkeitsstörungen, dass ihr Umfeld davon direkt und negativ betroffen ist. Um es mal freundlich auszudrücken.

Und dieser Unterschied ist wichtig. Narzisst ist nicht gleich Narzisst. Menschen mit stark narzisstischen Eigenschaften, sind nicht zwangsläufig gestört, oder psychisch instabil.

Der "Wald-und-Wiesen-Narzisst", auf den wahrscheinlich jeder schon mal getroffen ist, ist kein moderner Vampir. Ist weder pathologisch, noch psychisch auffällig, höchstens nervig.

Sie suchen sich keine Opfer, saugen keine Lebensenergie, missbrauchen andere Menschen nicht bewußt, um zu überleben. So wie es moderne Vampire tun, Menschen mit NPS!

Doch was bedeutet eigentlich das Wort Persönlichkeitsstörung? Was passiert, wenn die Persönlichkeit eines Menschen, psychisch so beeinflußt ist, dass man sie als gestört bezeichnet?

Was versteht man überhaupt unter der Persönlichkeit eines Menschen?

Die Persönlichkeit eines Menschen, beschreibt eine Person in all ihren Eigenschaften. Und zu Eigenschaften, gehört nicht nur Charakter, sondern auch Aussehen, Kleidung, Stil, Auftritt, Körpergröße, Art der Bewegung, Benutzung der Sprache, Mimik, also einfach Alles, was eben diese eine Person ausmacht.

Und das unterscheidet sie immer von Anderen, macht sie einzigartig. Ist ihre Individualität, gehört zu ihrer ganz eigenen Person. Die Summe aller Eigenschaften, Erfahrungen und der Umgang damit macht eine Person zu dem, was sie ist.

Verleiht ihr die Persönlichkeit.

Es gibt ein stark vereinfachtes Modell, um eine Person grob einzuschätzen. Eine Art psychologischer "Schnelltest", für die Erfassung der Persönlichkeit eines Menschen, die sogn. BIG FIVE (engl. OCEAN-Modell). Dieser wird z.B. bei Stellenausschreibungen als grobe Orientierung, als kleiner Eignungstest eingesetzt.

Diese 5 Punkte umfassen:
Offenheit/Aufgeschlossenheit
Gewissenhaftigkeit
Extra- Introversion
Verträglichkeit, Kooperationsbereitschaft
Neurotizismus (psychische Belastbarkeit,Stabilität)

Und selbst bei dieser doch sehr oberflächlichen und nur sehr groben Einschätzung gibt es unendlich viele verschiedenen Möglichkeit, wie sich eine Person, bzw. Persönlichkeit darstellen kann.

Wenn wir also von der Persönlichkeit eines Menschen reden, reden wir auch über Eigenschaften, wie Ehrlichkeit, Aufrichtigkeit, Verlässlichkeit, Authentizität, Glaubhaftigkeit, Vertrauenswürdigkeit und Ähnliches. Und es ist die Persönlichkeit eines Menschen, die uns anzieht, oder abstößt. Die über Sympathie, oder Antipathie entscheidet. Uns dazu verleitet, uns zu verlieben, oder auf Abstand zu gehen.

Natürlich formt auch die psychische Beschaffenheit einer Person den Charakter und wird damit auch zum Teil der eigenen Persönlichkeit. Was aber passiert, wenn eine gestörte Psyche ein Bild von einer Person erschafft, das normalen menschlichen Erfahrungen nicht mehr entspricht? Wenn das Bild dieser Person so beeinflußt, verzerrt und entstellt wird, dass es nicht mehr in den Rahmen normal gesunden Verhaltens passt? Was passiert, wenn diese Persönlichkeit psychisch gestört ist?

STÖRUNG

Wenn eine Störung vorliegt, funktioniert ein Apparat, eine Maschine, ein Organismus nicht mehr so, wie vorgesehen.

Eine Störung beinhaltet immer die Dysfunktion einzelner, oder mehrerer Teile, die dafür sorgen, dass nicht mehr die vorgesehene Leistung erbracht werden kann.

Manchmal reicht es, dass nur ein Teil nicht ganz rund läuft und schon funktioniert das große Ganze nicht mehr so, wie es soll.

Störung, heißt also immer, dass ein Fehler, eine Einschränkung, eine Dysfunktion vorliegt, die in der Gesamtheit zu Beeinträchtigung des Ganzen und der vorgesehenen, idealen Leistung führt.

Hat die Psyche eine Knacks bekommen, wie man so schön sagt, liegt hier eine Störung vor, funktioniert der vorgesehene Ablauf des komplexen Ganzen nicht mehr so, wie er soll. Das englische Wort hierfür ist disorder (Narcisstic Personality Disorder, (NPS))

Und das bedeutet, streng genommen - fehlende Ordnung.

Etwas, oder Jemand ist nicht in Ordnung, sagen wir auch auf Deutsch. Und Unordnung bedeutet, dass Dinge nicht an ihrem vorgesehenen Platz sind, man Chaos vorfindet und den Überblick verliert. Was bedeutet es also, wenn die Persönlichkeit eine Störung, eine Beeinträchtigung, eine fehlende Ordnung aufweist?

Nun, vor Allem bedeutet dies, dass die Psyche dieses Menschen beeinträchtigt ist und sich nicht frei und gesund entwickeln kann.

Dass diese Einschränkung, die gesunde menschliche Entwicklung dieser Person beeinflußt. Dass dieser kleine Defekt Einfluß auf den gesamten Organismus hat und daher den idealen, gesunden, normalen Zustand nie ganz erreichen kann.

Sie ist nicht die Person, für die sie sich selbst hält und oft auch nicht die Person, für die sie Andere halten. Denn in der Persönlichkeit dieser Menschen liegen Fehlfunktionen vor, die sie von anderen, normalen, gesunden Menschen unterscheidet. Und das ist für mich wichtig zu verstehen.

Die Persönlichkeit eines modernen Vampirs ist immer auch von einer psychischen Beeinträchtigung gekennzeichnet. So zu sagen von einer fremden Macht bestimmt. Bittere Erkenntnis - denn in so jemanden hab ich mich verliebt. Mehr noch, ich hab ihn geheiratet und 25 Jahre meines Lebens mit ihm verbracht.

Ich hab mein Leben mit einer psychischen Dysfunktion geteilt. Einen psychisch beeinträchtigten Menschen geliebt. Sagt sicherlich auch Einiges über mich und meine Persönlichkeit aus. Zeigt aber auch das unglaubliche Geschick moderner Vampire, ihre Andersartigkeit zu verstecken und unerkannt zu bleiben. Ihre unglaubliche Raffinesse geschickter Manipulation. Und das gehört unbedingt zu ihrer Person, ihrer Persönlichkeit dazu. Prägt ihr Wesen. Ihren Auftritt. Ihr Streben. Ist Teil ihrer Überlebensstrategie. Prägt einen entscheidenden Teil des Bildes, was sie nach Außen vermitteln. Hat Einfluß auf die Wahrnehmung anderer Menschen.

Ihre Persönlichkeit ist immer auch von einer psychischen Störung geleitet. Eine Störung, die man nicht sieht! Nicht sofort wahrnimmt. Denn zu dieser Störung gehört dazu, sie hinter einer oft großartigen Fassade zu verstecken. Einen großen Teil dieser psychischen Instabilität macht aus, dass sie unentdeckt, versteckt bleiben soll.

Es wird also eine Persönlichkeit bewußt, oder unbewußt erschaffen, die ihre gezielte Wirkung nach Außen hat, aber nicht den Tatsachen, dem Inneren, dem wahren Wesen entspricht.

Eine Quasi-Persönlichkeit. Eine Persönlichkeit mit extremen Widersprüchen. Sie ist nicht echt. Und schon gar nicht aufrichtig, ehrlich, oder authentisch. Eine erschaffene, nicht gewachsenen Persönlichkeit, der es an Wahrhaftigkeit fehlt.

Und damit begegnen sie ihrer Umwelt.

DIE GEISTER; DIE ICH RIEF....werd ich jetzt nicht mehr los.

Mein bester Freund aus Jugendzeiten sagte einmal zu mir: "Ich versteh Dich nicht. Was willst Du eigentlich? Ich dachte, alle Mädchen träumen vom Prinzen auf dem weißen Pferd. Du aber sagst: Behalt den Prinz, ich nehm das Pferd!" Klar, sagte ich. Ich brauch keinen Prinzen. Weder such ich ihn, noch wart ich darauf. Das Einzige, was mich überzeugt wäre ein echter Drachentöter. "Ein was?" "Ja! Jemand der bereit ist Drachen für mich zu erlegen. Sein Leben zu riskieren, um mich zu beschützen! Ein Drachentöter eben." "Aha" sagte er. Verstanden hat er es nicht.

Viel später allerdings sollte mir genau dieses Gespräch nochmal zum Verhängnis werden. Was weder er, noch ich damals wissen konnten und auch zu diesem späteren Zeitpunkt nicht geahnt haben.

Denn natürlich habe ich mich immer wieder gefragt, wie es soweit kommen konnte.warum ich mich ausgerechnet in einen Narzissten verlieben konnte. Warum mein Prinz in Wahrheit ein moderner Vampir war. Mein Drachentöter ein Fake.

Für mich war er mein Ritter in schimmernder Rüstung. Mein Held, mein Retter und Beschützer!

Narzissten haben eine ganz eigene Ausstrahlung. Sind charismatisch, weltgewandt, selbstbewußt und überzeugend. Sie holen Dir die Sterne vom Himmel und Du glaubst ihnen auch, dass sie Drachen für Dich töten würden. Sie scheinen Dich nicht zu brauchen und vermitteln trotzdem das Gefühl, Alles für Dich zu geben. Sie sind eine Erscheinung, die aus der Masse sticht und beeindruckt. Nicht nur mich. So war das zumindest bei meinem Vampir.

Wenn er einen Raum betrat spürte man seine Präsenz. Auch wenn der Raum voller Leuten war. Keine subjektive, verliebte Wahrnehmung, das war einfach so.

Der Anfang dieser Beziehung, des Kennenlernend, der ersten Begegnung war gewaltig, um nicht zu sagen überwältigend. Woher sollte ich auch wissen, dass schon dies typische Symptome eines Narzissten, eines modernen Vampirs sind? Dass schon der erste fulminante Auftritt, der atemraubende Beginn dieser Beziehung, eine bekannte RED FLAG für NPS ist?

Für mich war er der Ritter in strahlender Rüstung. Mein Drachentöter.

Konnte ich ahnen, dass die Rüstung auch sein Schutzschild war? Das hinter dieser strahlenden, selbstbewußten Erscheinung ein kleines, verzweifeltes zu tiefst verletztes Kind steckte? Dass er diese strahlende Rüstung tatsächlich aus Selbstschutz nie ablegte? Ahnung ist vielleicht nicht das richtige Wort. Geahnt habe ich im Nachhinein betrachtet sogar eine ganze Menge. Aber Ahnung ist nicht Wissen. Und genau das fehlte mir! Und auch jedem Anderen in meinem Umfeld!

Ich bekam mit meinem Vampir genau das, wonach ich mich insgeheim immer gesehnt hatte. Zwar war ich weder auf der Suche nach jemanden mit dem ich mein Leben teilen konnte, noch hab ich es deswegen darauf angelegt, aber das Leben ist nun mal nicht berechenbar und hält so manche Überraschung für Einen bereit.

Mein Vampir rauschte einfach in mein Leben. Kam, sah und siegte.

Er schien der Richtige zu sein. Kein Traumprinz, aber Vieles was so perfekt war, dass ich dafür bereit war, meine unabhängige Komfortzone zu verlassen.

Ich dachte, ich brauche Nichts. Er zeigte mir, was noch Alles so möglich ist. Ich dachte, so was gibt es gar nicht. Er gab es mir.

Man kann bekanntlich nur vermissen, was man kennt.

Nun all das, was er mir zeigte, was ich mit ihm erlebte, kannte ich bislang nicht. Deswegen hatte ich es auch nie vermisst. Und obwohl ich durchaus eine romantische Person und Träumerin bin, war ich auch immer ein Realist und sehr....nun sagen wir mal "Kopfbetont".

Wie singt JAMIE LAWSON so schön und richtig:

"I wasn't expecting that"

Schon in frühen Jugendjahren, hab ich mir so Einiges ausgedacht und vorgenommen. Dazu gehört, dass ich nie so werden, wie meine Mutter. Abhängig, unselbstständig, ohne Berufserfahrung, oder sinnvolle Ausbildung und somit auf Männern und deren Versorgung angewiesen. Mit stark limitierten Entscheidungsfreiheit. So war das Bild einer Frau wohl damals, aber ich sah auch das Leid dahinter. Bekam hautnah mit, wie eng das Korsett geschnürt war, indem sie Zeit ihres Lebens steckte. Vor Allem die Unfreiheit, die Unfähigkeit frei und selbstbestimmt entscheiden zu können, hat mich traurig gemacht und nachhaltig geprägt.

So hab ich mich tatsächlich im Laufe meines Erwachsenwerdens zum Gegenteil meiner Mutter entwickelt. Da wir ohnehin grundverschieden waren, sogar optisch, war das nicht schwer. Leider hat das unserer persönlichen Beziehung nicht immer gut getan.Mein persönliches Ziel hatte ich jedoch erreicht.

Ich wurde ein starker, autarker und unabhängiger Mensch, um dann ausgerechnet in die Fänge eines Vampirs zu geraten! Denn da war dann Schluß mit Unabhängigkeit und Selbstbestimmung, nur hab ich das nicht bemerkt. Für Liebe gehalten, die halt so ihre Opfer braucht. "Isn't it ironic?" Fürwahr, liebe Alanis Morrisette.

Auch hatte ich ein klares Bild von meinem imaginären Drachentöter. Da ich selbst recht groß für eine Frau bin, ließ ich gern verlauten:" Unter 1,90m kommt mir kein Mann ins Haus" Und um die Sache noch etwas schwieriger zu gestalten, behauptet ich, dass ich nicht glaube so jemand in Deutschland, oder gar in meiner Altersklasse zu finden....

Tja, was soll ich sagen? Da stand dann irgendwann mein Drachentöter vor mir! Ausländer, über 1,90m und deutlich älter als ich.Die Geister, die ich rief.... hab ich sie herauf beschworen?

Und selbst eine so unabhängige Frau, wie ich, ist nur eine Mensch. Oder, um es mit den Worten von Julia Roberts in NOTTING HILL auszudrücken: "Ich bin nur ein Mädchen, das vor einem Jungen steht und ihn bittet, es zu lieben" Tja, wenn es um emotionale Grundbedürfnisse geht, sind wir alle gleich....naja, fast Alle.

Ich glaube an die eine große Liebe, den einen Menschen, der perfekt passt. An Liebe auf den ersten Blick - denn ehrlich gesagt, war das auch nie anders bei mir. Ich kann warten. Suche nicht danach, laß das Schicksal entscheiden. Doch wenn es passiert, passiert es eben.

Deshalb war ich mir auch so sicher bei meinem Mann, meinem Drachentöter. Ich konnte ja nicht ahnen, dass es moderne Vampire gibt!

Das wir geheiratet haben, war seine Idee und in der Tat hab ich erstmal abgelehnt. "Ich bin kein Mensch, den man heiratet" sagte ich. Heiraten ist was Menschen, die nach Traumprinzen suchen. Ich aber liebe meine Freiheit und Unabhängigkeit. Eine Ehe hab ich mir schlichtweg nicht zugetraut. Doch war er nicht der erste Mann, der mir einen Heiratsantrag machte. Und daher auch nicht der Erste, den ich abgelehnt habe. Also ging ich in mich und fragte mich: Wieso wollen die Dich immer heiraten? Und wer bin ich, das immer abzulehnen? Bei einem Antrag erwartet man ja ein JA und es ist auch nicht schön NEIN zu sagen. Es ist eine heftige emotionale Ablehnung. Eine große Ent-Täuschung.

Was also sehen diese Männer in mir, was ich nicht wahrnehme?

Irgendwie hatte ich ein schlechtes Gewissen. Fühlte mich schuldig, den Antrag meines Vampirs mal wieder abgelehnt zu haben und so willigte ich dann doch ein. Ich Idiotin!

Am idiotischten war ich jedoch in meinem Glauben an die wahre Liebe. Da mein Vampir sehr vermögend war, erschien es mir sehr wichtig deutlich zu machen, dass es mir um ihn ging. Nicht um sein Geld. Außerdem hab ich das kleine verletzte Kind in ihm immer schon erahnt und irgendwie gespürt. Gespürt! Erahnt! Nicht gewußt! Schon gar nicht, dass dies Teil einer psychischen Störung ist. Wie sagte ich damals so schön:" Ich trage soviel Liebe in mir, die reicht für zwei. Dieser Mensch hat es verdient zu erfahren, wie es ist, um seiner selbst geliebt zu werden" Mensch! Nicht Vampir! Ich Idiotin!

So unterschrieb ich einen Ehevertrag, bei dem ich auf Alles verzichtetet. War mir nicht wichtig. Ging mir ja nicht um sein Geld. Diese Entscheidung hat mich bei der Scheidung dann (fast) Alles gekostet. Ich hab tatsächlich Alles, was ich mir unabhängig an seiner Seite über 25 Jahre aufgebaut habe verloren. An einen Menschen - nein Narzissten - der immer schon das 10fache von mir verdient hat! Der finanzieller viel besser, als ich aufgestellt war. Idiotin! Sag, ich doch!

Die Netten, beißen die Hunde, sagt man.Sollte gerade ich wissen, denn ich arbeite mit Hunden.Was Hunde anbelangt, stimmt dieser Spruch definitiv nicht.aber im Umgang mit modernen Vampiren hatte ich leider keinerlei Erfahrung und hab auch viel zu spät begriffen, mit welcher ungewöhnlichen Spezies ich es da 25 Jahre an meiner Seite zu tun hatte. Eine schmerzliche Fehleinschätzung.

MYTHOS NARZISS

Warum wurde eine Figur aus der griechischen Mythologie zum Namensgeber einer psychische Störung? Das hat mich interessiert. Im Groben kennt wohl jeder die Geschichte des NARZISS, im Einzelnen jedoch ist es wirklich überraschend, wieviele kleine Dinge in dieser Geschichte stecken, die auch auf Menschen mit NPS zutreffen. Aus diesem Grund möchte ich die Geschichte unter dem Aspekt des krankhafte Narzissmus hier aufgreifen und interpretieren.

NARZISS war ein Halbgott. Sohn des Flusgottes Kephisos und der Quellnymphe Leiriope, von denen wahrscheinlich die Meisten noch nie was gehört haben. Auch NARZISS hatte keine sonderlichen Fähigkeiten, oder Eigenschaften, außer, dass er unglaublich schön war. So schön, dass ihm jeder, der ihn sah verfiel. Ungewöhnlich für einen Sterblichen, schöner als die Götter zu sein, aber so war es. So wuchs er heran und kannte es nicht anders. Umgeben von vielen Verehrern, ließ er sich jedoch nie auf echte Freundschaft oder gar Liebe ein. Jeden wies er ab. Auch die schönen Nymphen des Waldes, in dem er lebte.

Eine von ihnen war die Bergnymphe ECHO, deren Schicksal eng an das von NARZISS gebunden sein sollte. ECHO war, wie alle Nymphen, sehr hübsch und zudem für ihre Fröhlichkeit und Wortgewandtheit bekannt.

Eines schönen Tages versuchte sie mit ihrer Redegewandtheit dem Gottvater ZEUS zu helfen, der sich gern mit den Nymphen des Waldes vergnügte. Sie verwickelte seine eifersüchtige Gattin HERA, auf der Suche nach ZEUS in ein so langes Gespräch, dass dieser unentdeckt verschwinden konnte. HERA erfuhr von der Täuschung und der eigentlichen Absicht des Gesprächs, das zur Ablenkung diente und bei dem ECHO immer das letzte Wort hatte.

So verfluchte sie ECHO dazu, ab sofort immer nur die letzten Worte, die man zu ihr sprach wiederholen zu können. Als Echo. Interessant ist, dass ECHO NARZISS erst nach ihrem Fluch begegnete und sich in ihn verliebte. Doch verfiel sie nicht nur seiner äußeren Erscheinung, sondern sah auch sein Leid, seine Einsamkeit und seine Suche nach Erfüllung. Eine Bewunderin, die nie eigene Wünsche äußern konnte, seine Worte echote und ihm überall hin folgte. Deshalb ertrug er ihre Gegenwart auch länger, als die anderer Verehrer. Unfähig ihrer tiefen Zuneigung und Liebe mit Worten Ausdruck zu verleihen, verdammt dazu immer nur ein Echo seiner

Worte zu sein, versuchte sie schließlich sich NARZISS körperlich zu näheren.Da verstieß er auch sie.

Traurig zog sie sich zurück, blieb jedoch stets in seiner Nähe. Bis zu seinem Tod. Auf vielen Gemälden von NARZISS ist daher auch ECHO am Rande zu sehen.

Eigentlich stellte ECHO genau das dar, wonach NARZISS sich so sehr sehnte: wahrhaft gesehen und geliebt zu werden.

Doch er sah es nicht. Erkannte es nicht.

Wahrscheinlich wäre die Existenz von ECHO kaum bekannt, gäbe es nicht auch NARZISS. Und die Geschichte des NARZISS wiederum wäre heut zu Tage nicht so populär, gäbe es nicht Menschen, die in ihrem Verhalten, denen des NARZISS glichen.

Ich persönlich finde die Figur der ECHO im Zusammenhang mit dem Namensgebers des NARZISSMUS ebenso symbolisch und spannend, wie die des NARZISS selbst.

ECHO liebte NARZISS wahrhaftig, ehrlich und von tiefstem Herzen. Sah nicht nur seine blendende Schönheit, sondern auch sein Leid dahinter. Erlebte und ertrug seinen Verfall, sein Elend, seinen Untergang. Bis zu seinem Tode blieb sie in seiner Nähe. Danach verkümmerte auch sie. Zog sich in eine Felsenhöhle zurück und starb an gebrochenem Herzen. Ihre Gebeine wurden zu Stein, doch was von ihr blieb, war das Echo. Der Wiederhall der letzten Worte in den Felsen.

Tatsächlich gibt es in der Psychologie auch den Begriff des ECHOISMUS. Menschen die bereitwillig die Opferrolle annehmen und schnell in Co-Abhängigkeit geraten. Auf die Schnelle gesagt.

Im Gegensatz zu Anderen, sann ECHO nie auf Rache, für die Demütigung und Zurückweisung NARZISS. Doch all Jene, die Leid durch zurückgewiesene und nicht erhörter Liebe erfahren hatten, riefen schließlich die Rachegöttin NEMENSIS an, ihrem widerfahren Unrecht Genugtuung zu leisten.

Das ist eine Version der Geschichte!

Eine Andere besagt, dass es APHRODITE, die Göttin der Liebe war, die dem schmählichen Verhaltens NARZISS ein Ende setzte, indem sie ihn verfluchte. Und wieder eine anderer Version, dass es NARZISS selbst war, der die Götter um Hilfe bat, endlich jemanden zu finden, den er lieben könne.

Ob nun die Göttin der Liebe, sich derer annahm, die unter der unerfüllten Liebe zu NARZISS litten, die Rachegöttin, oder NARZISS selbst nach Erlösung suchte. Entscheidend für die Geschichte des NARZISS ist, dass er mit einem Fluch bestraft wurde, der auch sein Ende bedeutete:"Du, Narziss, sollst am eigenen Leib erfahren, was es heißt unerfüllt zu lieben"

Das war die Verwünschung, der Fluch, die Bürde, die NARZISS auferlegt wurde und an der er zu Grunde ging. Und damit auch ein entscheidender Teil der Erfüllung des Orakels, das ihm bei seiner Geburt verhießen wurde: Narziss würde ein langes, erfülltes Leben habe, wenn er sich selbst erkennen würde.

Was ihm - durch die Verwünschungen verursacht - nicht gelang, denn er verliebte sich in sein eigenes Spiegelbild! Also in sich selbst, ohne dies aber zu erkennen. In absoluter, nie empfundener Hingabe und Liebe gab er sich einer Reflexion im Wasser hin, ohne reflektieren zu können, dass er es selbst war!

So wie Andere vorher sich seinem überwältigende Anblick nicht entziehen konnten und seiner Erscheinung hoffnungslos verfielen, so geschah es nun auch ihm.

Er konnte von dieser Schönheit, dieser Vollkommenheit nicht lassen. Erstmals empfand er die Intensität wahrer Liebe und verfiel diesem großartigem Gefühl hoffnungslos.

Die Erscheinung im Wasser, sein Spiegelbild, dieses Wesen, was sich nicht um ihn bemühte, war seine ganze Leidenschaft. Er hörte auf zu essen und verließ diese Quelle nie mehr. Bewunderte in ihr fortan nur noch die Reflexion seiner Selbst. Ohne das wahre Wesen zu erkennen.

Spannend. Erstmals war er also zu selbstloser Liebe und Hingabe fähig und doch liebte er in Wahrheit nur sich Selbst.

Er bekam also eine Ahnung von diesem großen Gefühl, gab sich hin, vernachlässigte seine eigene Person und Sein und doch liebte er wieder nur sich. Was zu seinem Verfall, Untergang und Tod führen sollte. Denn er konnte diesem Bild nicht Nahe kommen, konnte es nicht besitzen. Nur anhimmeln. Wann immer NARZISS versuchte dieses herrliche Wesen zu berühren verschwand es, oder das Bild verzerrte sich, durch die Wellenbewegung zu einer häßlichen Fratze, was ihn zutiefst erschrak.

In einigen Überlieferungen soll dies der Grund gewesen sein, warum sich NARZISS schließlich selbst das Leben nahm. Zum Schluß hätte er doch noch erkannt, dass er es selbst war, den er sah und der zu einer häßlichen Fratze wurde, was er nicht ertrug.

Hinzu kam sein tatsächlicher Verfall, weil er weder aß, noch trank, nichts anderes tat, als "sich", bzw. diese Reflexion zu bewundern.

Weshalb eine andere Version überliefert, er sei schlussendlich an Schwäche gestorben, ins Wasser gefallen und ertrunken.

Auch gibt es die Version, er sei bei einem letzten verzweifelten Versuch, sich mit seiner großen Liebe zu vereinen, bewußt ins Wasser gegangen, um ihr auf ewig nah zu sein. Auch Selbstmord durch unerfüllte Liebe gibt es als Variante. Einig sind sich alle Versionen nur darin, dass er sich und sein Leben aufgab, als er seinem Spiegelbild verfiel. Und dass er an dieser Quelle starb. Ende der Geschichte.

Wie gesagt, hier finden sich viele Parallelen zu Menschen mit NPS.

Bei der Frage, was dazu führen kann, dass Menschen eine NPS entwickeln ist eine Erklärung, dass das Kleinkind eine permanente Überhöhung seitens der Eltern und seiner Umgebung erfahren hat.

Ein Verwöhnen, Hochjubeln und Aufwerten des Kindes, fern der Realität.

Bei NARZISS war das seine ungewöhnliche Schönheit. Nie mußte er sich anstrengen, um Liebe, oder Anerkennung kämpfen, man erlag ihm einfach. Trotzdem war NARZISS nicht glücklich. War auf der Suche nach der großen Liebe, konnte aber die dargebotenen Freundschaften, Liebe und Verehrer nicht annehmen. So wie er sich selbst nicht wirklich annehmen, oder lieben konnte.Wie heißt es es so schön: "Wer sich selbst nicht liebt, kann auch keine Anderen lieben". Fürwahr.

NPS ist keine übertriebene Selbstliebe, wie viele glauben möchten. Es ist die Suche nach Liebe und Anerkennung, die diese Menschen nicht in sich selbst finden. Finden können.

NARZISS war nur scheinbar vollkommen. In Wahrheit war er ein ewig Suchender. Nie zufrieden mit dem was er hatte. Ewig unerfüllt. Und doch wies er brüsk und kalt jeden Menschen ab, der ihm nah sein wollte. Hinterließ eine große Anzahl gebrochener Herzen in seinem Leben. Er blieb immer nur an der Oberfläche, bis er sich schließlich in die Spiegelung einer Oberfläche verliebte. Wie schön als typisches Bild von NARZISS gewählt.

Erst da konnte er lieben, eigentlich ja sogar sich selbst lieben, wenn auch - im wahrsten Sinne des Wortes - wieder nur oberflächlich.

Er verfiel zwar seiner eigenen Reflexion, es fand aber keine Selbstreflexion statt. Er erkannte sich selbst nicht und erlag nur der Schönheit, so wie es alle außer ECHO auch getan hatten.

So, wie es ihm das Orakel vorher gesagt hat. Sein Leben endete jung, weil er sich nicht erkannte.

Schön, vollkommen und ohne Makel zu sein und damit Menschen für sich zu gewinnen, ohne dafür großartig etwas leisten zu müssen, bedeutet aber auch, dass man darauf angewiesen ist. Verfallen dies

Attribute und hat man nichts Anderes zu bieten, oder es nie nötig gehabt, an etwas Bleibendem zu arbeiten, verfällt auch das Selbstwertgefühl. Wenn Äußerlichkeiten und der Schein Andere immer geblendet hat, bleibt nichts mehr, wenn dies verfällt.

Und hier gibt es gleich 2 interessante Punkte, die auch auf Menschen mit NPS zutrifft.

Erstens: die Angst vorm Altern

Zweitens: die Angst, Alles zu verlieren.

Altern bedeutet immer auch Verfall, Einschränkung und Verlust von Fähigkeiten, über die man sich in jungen Jahren nie Gedanken gemacht hat. So gesehen, sind alle Jugendlichen kleine Narzissten, weil sie sich über viele Gaben, wie Schönheit, Gesundheit und Lebenszeit keine Gedanken machen (müssen!) Und das ist in dieser Zeit auch wichtig, natürlich und gut so.

In Würde zu altern heißt, sich trotz aller Veränderungen und Einschränkungen immer noch lieben und annehmen zu können. Ja mehr noch sich dessen bewußt zu sein, was man in seinem Leben geschafft hat. All sein erworbenes Wissen, die dazugehörige Reife und seine Lebenserfahrungen auch wirklich genießen zu können. Und gar nicht danach zu streben, dies mit früheren Zeiten tauschen zu wollen. Narzissten können das nicht.

Da sie immer perfekt sind, machen sie auch keine Fehler und lernen deshalb nichts dazu. Sie verändern sich nicht. Passen sich nicht an die Gegebenheiten an und versuchen den schönen Schein zu wahren. Doch wenn dieser eben nicht mehr so schön, strahlend und blendend ist, bleibt auch nicht mehr viel.

Altern, Krankheit, fehlender Glanz ist tatsächlich ein ganz großes Thema für Narzissten. Sie können es nicht. Zumindest nicht sehr gut.

Sie sind einem ewigen Jugendwahn verfallen, Hässlichkeit - was ja immer im Auge des Betrachters liegt - stößt sie ab. Deshalb finde ich die Version mit der "häßlichen, verzerrten Fratze" im Wasser, die NARZISS so sehr erschrak, dass er sich das Leben nahm erwähnenswert.

Ein echter Oscar Wilde, denn sein einziges Buch "Das Bildnis des Dorian Gray" beschreibt genau dies. Einen Narzissten, wie er - im wahrsten Sinne des Wortes - im Buche steht.

SchönheitsOPs, Sportwahn, Viagra, das Umgeben mit deutlich jüngeren Menschen und Ähnliches gehören zum Leben eines alternden Narzissten dazu. Der Schein muß mit allen Mitteln gewahrt bleiben, denn dahinter ist Leere.

Noch dramatischer ist daher Punkt 2, wenn Narzissten sich darüber bewußt werden, dass sie Alles, was ihnen wichtig war verloren haben. Denn dann stehen sie vor einem großen Loch, dass sich nicht mehr füllen läßt. Da ist nichts.

Jeder normale Mensch wird in Lebenskrisen, oder ungewöhnlichen Situationen auf sich selbst zurück geworfen und schafft es daher meistens, neuen Lebensmut zu schöpfen, Dinge neu zu betrachten, oder anzugehen. Die Lebenskrise führt demnach zu Veränderung und einem neuen Bewußtsein seiner Selbst. Aber das kann ein echter Narzisst, also ein Mensch mit NPS, ein moderner Vampir nicht. Denn das würde Selbstreflexion bedeuten, wie bei NARZISS. Und das können und wollen sie nicht.

Daher wundert es kaum, das bei keiner anderen psychischen Persönlichkeitsstörung die Selbstmordrate so hoch ist, wie bei NPS.

Auch NARZISS starb an dieser Quelle, weil sein größter Wunsch unerfüllt blieb. Setze seinem Leben ein Ende, weil er erstmals nicht bekam, was er wollte. Weil er mit dieser unerfüllten Liebe - für sich selbst - nicht umgehen konnte.

Spannend, was so Alles in einem alten griechischen Mythos steckt.

Namensgeber für eine psychische Störung!

ÜBER VAMPIRE

Laut Legende sind Vampire Untote, die zwischen den Welten wandeln. Menschen, die zwar gestorben sind, aber noch auf der Erde verweilen. Und zwar nur Nachts. Der klassische Vampir verträgt kein Tageslicht. Um genauer zu sein, Tageslicht läßt einen Vampir zu Asche zerfallen. Also zu dem, was er ohnehin schon längst sein müsste. Asche zu Asche, Staub zu Staub.
Das bedeutet auch, dass überlebenstüchtige Vampire mehrere hundert Jahre alt seien können. Und je älter sie sind, desto mehr Erfahrung und Wissen besitzen sie. Desto mächtiger werden sie.
Da sie nicht über die begrenzte Zeit eines normal Sterblichen verfügen, haben sie Jahrhunderte Zeit alles Mögliche zu erlernen und ihre Fähigkeiten zu optimieren.
Von jeher haben Vampire Menschen fasziniert, ja mehr noch, Menschen haben diese Wesen ja erst als Mythos erschaffen. Vermutlich, wie so oft, um sich unerklärliche Dinge, oder Begebenheiten besser erklären zu können. Und meistens braucht es da einen Schuldigen. Ein Monster, ein Unwesen, dass für das Unerklärliche, Unfaßbare, für Verluste verantwortlich gemacht werden kann. Das liegt in der Natur des Menschen. Und je stärker und unerklärlicher ein Unheil, ein Verlust ist, desto stärker ist auch der Glaube und die Überzeugung an der Existenz solcher Wesen.
Dennoch ist bis heute die Faszination für diesen Mythos, diese Wesen lebendig. Vielleicht lebendiger denn je.
Mittlerweile gibt es etliche Serien und Filme, deren Hauptfiguren Vampire sind. Selbst für Kinder. Denn Vampire sind eben nicht nur blutsaugende Monster, sonder ehemalige Menschen, die durchaus, zumindest begrenzt, auch zu Gefühlen, ja sogar Liebe in der Lage sind. Das Hauptthema der TWILIGHT-Reihe von Stephenie Meyers (Auf deutsch: Bis(s) zum.....), der spätestens mit seiner Verfilmung zum Welterfolg wurde: Die Liebe zwischen einem Vampir und einer Sterblichen.
Vampire sind gesellschaftsfähig geworden und besitzen viele Eigenschaften nicht mehr, die dem klassischen Vampir nachgesagt werden. So ist die Notwendigkeit des Tötens, ihre Jagd nach frischem menschliches Blut inzwischen oftmals dem Trinken von Blutkonserven, oder Tierblut gewichen.
In der modereneren Version haben sie gelernt, sowohl ihren Durst, als auch ihre Kräfte zu kontrollieren, was sie natürlich für ihre Umwelt weniger gefährlicher macht und den intensiveren Kontakt zu

Menschen ermöglicht. Dadurch, das sie „menschlicher" werden, was sie ja ursprünglich auch waren, sind sie auch Meister darin geworden, ihr wahres Sein und Wesen besser verstecken zu können.

Zu den Fähigkeiten, die man Vampiren nachsagt gehören:
- Verfeinerung und Steigerung der Sinneswahrnehmung (Sehen, Hören, Riechen)
- extrem hohe Reaktionsfähigkeit, abnormale Geschwindigkeit der Bewegung
- übermenschliche Kraft
- geräuschlose Annäherung und Bewegungen
- Verwandlung in andere Gestalten, wie Wölfe, oder Fledermäuse
- Nutzung und Aneignung der Fähigkeiten dieser Lebewesen (neben Sehkraft, Gehör, Geruchssinn, auch Fliegen, Wände hochlaufen, Sprungkraft und Weiteres)
- Hohe Manipulationfähigkeit, gezielte Beeinflussung des Willens
- Gedankenlesen (auch hypnotische Fähigkeiten werden ihnen nachgesagt)
- bis auf Tageslicht sind sie unverletzbar, Wunden heilen sofort
- Äußerst einnehmende, häufig so gar extrem schöne Erscheinung
- Sie altern nicht, behalten für immer die Erscheinung, die sie bei ihrem Tod hatten.

Also quasi Superhelden in menschlicher Gestalt.
Unsterblich, schön, gebildet, intelligent und mit übermenschlichen Fähigkeiten ausgestattet. Klar fasziniert das.
Was sagte ANNIE LENNOX so schön, über ihre Inspiration für ihr Filmlied "Lovesong for a Vampire":
"Vampire faszinieren mich in psychischer und psychologischer Hinsicht und ich wollte einen Song schreiben, der etwas von der Essenz dieses Dunklen enthält. Der Vampir ist die ultimative Metapher für zwanghaftes, süchtiges Verhalten. Vampir und Opfer sind die ultimativen Co-Abhängigen, verdammt für die Ewigkeit" (Film:DRACULA von Francis Ford Copola)
Neben ihren außerordentlichen Fähigkeiten, besitzen Vampire jedoch auch Eigenschaften, die sie nicht nur verletzlich machen, sondern auch enttarnen können.
Eine davon ist die Verdammnis in die Nacht. Die Vermeidung der Sonne, des normale Leben am Tag. Außerdem sind sie Süchtige, abhängig vom Blut anderer Menschen. Sie selbst haben weder Herzschlag, noch können sie Blut produzieren. Ihre einzige Nahrung

ist frisches Blut. Nichts anderes können sie essen oder trinken. Um also überleben zu können, müssen sie töten. Sie haben keine Wahl. Das ist ihr Schicksal. Ob sie wollen, oder nicht. Damit schaden sie aber der Gattung, der sie einst selbst angehörten und auf die sie angewiesen sind.

Sie werden zu Serienkillern, die sich keine Moral, Reue, oder Mitleid leisten können. Und dennoch können sie fühlen. Dieses Dilemma beschreibt die bekannte Vampir-Autorin ANNE RICE in ihrem Welterfolg "Interview mit einem Vampir" in der Person des Louis.

Man sagt, dass dieser Film und die Figur des Louis ebenfalls die Inspiration für einen Song war. Anlass für den britischen Sänger STING, sein wunderschönes Lied "Moon over Bourbonstreet" zu schreiben.

Tolle Geschichte. Hervorragendes Buch. Großartiger Film.

Nicht umsonst mit den 3 schönsten Schauspielern der damaligen Zeit besetzt, um die Anziehungskraft und ihre überwältigende Ausstrahlung perfekt darzustellen.

Ihre Schönheit, Intelligenz und Charisma, verbergen das dunkles Geheimnis. Ihre täglichen Morde, das Raubtier, was sie sind.

In diesem Widerspruch erklärt sich auch die Faszination für diese Wesen. Die hohe Anziehungskraft und Erotik, die fast in jeder Vampirgeschichte eine Rolle spielt.

Auch in dem Weltklassiker DRACULA von Bram Stoker geht es im wesentlichen um die Suche und Wiedervereinigung des Vampirs mit seiner großen Liebe. Neben dem Schrecken, den diese Wesen verbreitet, geht es also immer auch um Gefühle, Liebe, Sehnsucht.

Um den Mensch, der er einst war. Allerdings setzten sie zur Verfolgung ihrer Ziele bewußt ihre - nicht menschlichen - Fähigkeiten ein und gehen dabei über Leichen. Im wahrsten Sinne des Wortes.

Ein weiteres Merkmal, das einen Vampir verrät, ist ihr fehlendes Spiegelbild. Man nimmt sie wahr, kann sie sehen, doch geben sie keine Reflexion wieder. Was sollte auch reflektiert werden? Gespiegelt werden kann nur, was auch wirklich existiert. Wahrhaften Bestand hat.

Ihr tatsächliches ICH ist vor Jahrzehnten gestorben. Das was sie nun sind, ist sozusagen eine Leihgabe. Ein Leben, abhängig von dem Leben anderer Menschen.

Bei aller Macht, die sie besitzen, die sie übermenschlich macht, bleiben sie doch gefangen in ihrem Sein. Sind sie Verdammte und in ihrer Abhängigkeit nicht selbstbestimmt. Sie können nicht aufhören, nicht gehen und nicht sterben. Müssen weiterleben und dafür täglich töten.

Angeblich mögen Vampire auch keinen Knoblauch - eine blutreinigende Heilpflanze, die auf Grund ihrer hohen Schwefelverbindung tatsächlich Abwehrkräfte steigert. Interessanter Aspekt.

Zum Vampir kann man nur durch einen anderen Vampir werden und zwar keinesfalls nur durch einen Biss. Vielmehr muss sich das Opfer freiwillig entscheiden, auch vom Blut des Vampirs zu trinken. Vergiftetes, toxisches Blut. Erst dann kann eine Verwandlung stattfinden. Und für den Vampir ist dieser Prozess äußerst schmerzhaft. Doch nur so kann er neue Vampire für sich erschaffen. Verbündete. Diener. Handlanger, die ihm hörig sind.

Der Titel meines Buches ist also nicht umsonst gewählt.

Vampire und Narzissten, also Menschen mit NPS haben viel gemein. Fehlende Reflexion, beispielsweise (Kein Spieglbild). Ich spreche hier von widerspiegeln, SPIEGELNEURONEN und Selbstreflexion.

Bei schwierigen Entscheidungen, im zwischenmenschlichen Miteinander, sagt man oft:"Hauptsache, ich kann mir morgens im Spiegel noch in die Augen schauen". Und meint damit nicht nur Ehrlichkeit, Aufrichtigkeit, Authentizität, sondern auch Fairness, Verantwortung und Moral. Allesamt Begriffe, die auf einen modernen Vampir nicht zutreffen.

Auch die Parallele zur Geschichte von NARZISS finde ich unter diesem Aspekt interessant, schließlich wurde ihm sein eigenes Spiegelbild zum Verhängnis.

Die Vermeidung von Tageslicht findet ebenfalls Bestand in unserer Ausdrucksweise. So sagt man zum Beispiel: "in's rechte Licht gerückt", oder auch: "bei Tageslicht betrachtet", wenn man der Wahrheit auf der Spur ist und Tatsachen klarer erkennen möchte.

Moderne Vampire bleiben mit Vielem im Verborgenen. Vertragen keine genauere Beleuchtung. Meiden helles Licht. „Schattenwesen".

Vor Allem aber sind Vampir abhängig von der Lebensenergie anderer Menschen. Brauchen diese zum Überleben, was sie zu Süchtigen und Tätern zugleich macht. Ihnen fehlt bei aller Überlebensstrategie das, was Menschen menschlich macht.

Sie haben ihre menschliche Existenz verloren und suchen, ja brauchen dafür immer wieder echte, normale Menschen.

Menschen, die ihnen das wiedergeben, was sie verloren haben.

Menschen, die das besitzen, wozu sie nicht mehr fähig sind.
Menschen, von deren Kraft sie zehren können.
Menschen, die dadurch zu Opfern werden.
Willkommen, in einer toxischen Beziehung.

VON TÄTERN UND OPFERN

Im Englischen gibt es das Wort PREDATOR, was auch auf Menschen angewandt wird. Es bezeichnet einen Jäger, ein Raubtier, einen Räuber, entsprechend der lateinischen Bedeutung PRAEDATIO: Beute machen, Plündern, Rauben.

Im Deutschen benutzen wir das Wort PRÄDATOR, wenn überhaupt, als biologische Bezeichnung, nicht umgangssprachlich. Dafür gibt es im Deutschen ein anderes Wort, dass beide Daseinsformen schön umschreibt: BEUTEGREIFER.(Beast of prey)

Denn, um als PRÄDATOR, Jäger, oder Raubtier zu Überleben, bedarf es einer Beute, also geeigneten Opfern.

Wenn wir über toxische Beziehungen sprechen, gibt es zwei grundlegende Fragen, die sich stellen:

Erstens: Wie wird man zu einem modernen Vampir?

Zweitens: Wie wird man zum geeigneten Opfer?

Also, wie wird man zu einem modernen Vampir?

Nun, laut Legende kann man nur durch einen anderen Vampir, zum Vampir gemacht werden und in der Tat, gilt das auch im übertragenen Sinn für NPS. In diesem Fall sind es die Eltern.

Hat man also narzisstische Eltern gehabt, ist das Risiko deutlich höher, selbst zu einem Narzissten zu werden.

Entweder durch den Missbrauch narzisstischer Eltern, wenn diese selbst ernsthafte NPSler waren, zumindest ein Elternteil, aber auch umgekehrt. Weil die Eltern in ihrer narzisstischen Veranlagung, als normale "Wald-und-Wiesen"-Narzissten, ohne NPS, ein Überich ihres Kindes erschaffen. Das Kind wird vergöttern, in den Himmel gehoben und wie ein Wunderkind behandelt.

Das Schönste, Beste, Klügste. Vollkommen blind für Fehler, Schwächen, oder Missverhalten ihres Kindes.

Schuld sind immer die Anderen, nie die vollkommene Brut.

Da aber niemand vollkommen, unfehlbar und perfekt ist, übernimmt das Kind dieses verzerrte Bild von sich selbst und der Realität.

Lernt nicht, mit Frust, Fehlern und Grenzen umzugehen, was fatale Folgen hat und u.a. zu NPS führen kann. Hier führt also die Überhöhung des Kindes zu einer verzerrten Wahrnehmung. Das Kind kennt es nicht anders und will mehr davon. Ähnlich wie NARZISS.

Aber auch das genaue Gegenteil, kann NPS-Opferkindern, selbst zu Tätern machen. Kinder, die einer toxischen Eltern-Beziehung ausgesetzt sind, erfahren häufig seelischen und emotionalen Missbrauch, und werden dadurch zu Opfern.

Dem Kind fehlt die Erfahrung, um seiner selbst Willen geliebt zu werden und etwas Liebenswertes, also der Liebe wert zu sein. Es mangelt an Wärme, Geborgenheit und Sicherheit. Außerdem ist jede Form des Missbrauchs - und sei er noch so "klein" - ein Vertrauensbruch. Das hat fast immer nachhaltigen Einfluss auf die Entwicklung eines Kindes. Insbesondere was seine eigene Vertrauensfähigkeit anbelangt. Dies gilt selbstverständlich auch für Eltern, die nicht an NPS leiden, sondern aus anderen Gründen so handeln. Ihr Kind, vernachlässigen, misshandeln, oder zu eigenen Zwecken missbrauchen. Leider passiert es recht oft, dass aus Missbrauchsopfern später selbst Täter werden. Und zwar meist genau in der selben Form des selbst erfahrenen Missbrauchs.

Da Missbrauch immer etwas mit Macht und Kontrolle zu tun hat, versucht der erwachsene Mensch, durch ähnlich Handlungen und Verhalten wieder zurück zu erlangen, was ihm als kleines Kind nicht möglich war. Hinzu kommt, dass das Kind einen solchen zwischenmenschlichen Umgang im Elternhaus gelernt hat. Es hält diese mangelhafte Form von Liebe, Vertrauen und Wertschätzung also für normal. Kennt es nicht anders! Hat nie die wahre Bedeutung dieser Begriffe kennen gelernt. Womit zwangsläufig die Sozialfähigkeit dieser Menschen beeinflusst wird und ist.

NPS entwickelt sich fast immer in der frühen Kindheit und hat daher immer etwas mit dem Elternhaus, bzw. den Umständen seiner kleinkindlichen Entwicklung und Erfahrungen zu tun.

Das schutzbedürftiges Kleinkind findet keinen Halt in seinen familiären Umfeld. In seinen Bezugs- und Vertrauenspersonen. Erfährt nicht die Liebe, Sicherheit und Geborgenheit, die es sich wünscht, bzw. braucht und leidet darunter. Es mangelt an Anerkennung und Wahrnehmung.

Fehlt im Kleinkindalter dieses Urvertrauen in zwischenmenschliche Beziehungen, findet ein emotionaler und psychischer Missbrauch statt, kann sich daraus eine PTBS (Post Traumatische Belastung Störung) entwickeln. Ein individuell erfahrenes Trauma, was sich, in diesem Fall, später in einer NPS äußert.

Dies können in der Tat heftige Erlebnisse, wie körperlicher Missbrauch, massive Vertrauensbrüche, offenkundige Ablehnung, oder komplette emotionale Vernachlässigung sein.

Es kann aber auch einfach nur von diesem einen Kind so empfunden werden. Während die Geschwister sich also vollkommen ungestört und normal entwickeln und ihr Elternhaus keinesfalls als "traumatisch" beschreiben würden, kann sich das eine Kind abgelehnt und ungeliebt fühlen. So sehr, dass es dies als unglaubliche Belastung empfindet und ein Trauma entwickelt, dass dann zur NPS führt.

Diese Kinder flüchten sich also unbewußt in etwas Größeres, was ihnen beim Überleben hilft: sie erschaffen ein Überich. ICH bin toll, großartig und mächtig. Ich brauche die Liebe anderer Menschen nicht. Ich schaffe mir eine Welt von Ruhm, Macht, Geld, die mich unabhängig macht und die ersehnte Anerkennung bringt. Das ist der Kern einer NPS!

Diese Kinder werden dann oft zu Menschen, die ihre verletzte Kinderseele einkapseln und sich als Erwachsene frei von weiteren Verletzungen und Zurückweisungen machen.

Niemandem mehr vertrauen und sich nie wieder von der Zuneigung anderer Menschen abhängig machen. Der Mangel an Zuneigung und Anerkennung, weicht einer selbstherrlichen Egozentrik, die sie - scheinbar!- unabhängig von der Erfüllung ihrer Bedürfnisse durch anderen Menschen macht.

Das gilt auch für jene Kinder, deren Eltern ein überhöhtes ICH, eine unfehlbare Persönlichkeit entwickelt haben. Diese Kinder entwickeln zwar selten ein Trauma, werden deutlich besser behandelt, doch auch ihnen fehlen die Werte echter, aufrechter Liebe. Die Erfahrung, um seiner selbst willen geliebt zu werden, so wie man ist. Mit allen Fehlern und Schwächen. Auch diese Kinder werden in ihrem Sein, ihrer psychischen und emotionalen Entwicklung missbraucht, weil sie einem Bild, das ihre Eltern geschaffen haben, entsprechen müssen. Und so wird aus dem Menschenkind ein moderner Vampir!

Das Traurige jedoch ist, dass dieser "psychische Trick" nur scheinbar funktioniert. Sie kappen zwar Ihre Emotionen, rüsten sich gegen Verletzungen, schützen sich vor weiteren Ablehnungen, bleiben aber extrem bedürftig! Ein Teil in ihnen, nämlich das zutiefst verletzte Kleinkind, entwickelt sich nicht weiter. Wird verdrängt und weg gesperrt, bestimmt aber weiterhin ihre Verhaltensweisen als Erwachsener.

Und somit bleibt der Narzisst bedürftig! Dass ist die Crux an NPS. Es funktioniert eben nur scheinbar.

Sie verlieren ihre Menschlichkeit dabei. Vieles, was einen normalen Menschen und sein Gefühlswelt ausmacht. Narzissten haben den Zugang dazu gekappt. Unbewußt! Ihre fragile Kleinkindseele hat das gemacht und diese bestimmt ihr Leben als Erwachsener weiterhin extrem.

Dadurch bleiben diese Menschen - jetzt moderne Vampire - extrem abhängig von der Anerkennung und Zuneigung andere Menschen. Ja mehr noch - jetzt erst sind sie wirklich Abhängige. Süchtige! Ferngesteuert durch einer kleine, äußerst fragilen Kinderseele. Sie können sich zwar selbst erhöhen, aber wenn das keiner merkt, bzw. anerkennt gehen sie ein.

Sie können zwar sehr geschickt mit Macht und Manipulation umgehen, um das zu erreichen, wonach sie sich sehnen, aber sie können es nicht selbst erschaffen. Und es ist nie genug.

Das Bedürfnis danach bleibt Zeit ihres Lebens bestehen.

Der Brunnen wird nie ganz gefüllt und versiegt ganz schnell.

Denn er ist - im wahrsten Sinne des Wortes - nicht ganz dicht.

Während also gesunde Menschen gelernt haben einen stabilen Brunnen zu bauen, aus dem sie Zeit ihres Lebens schöpfen können und der auch in Krisensituationen noch genügend Reserven hat, gelingt das modernen Vampiren nicht. Und das erst macht sie zu Vampiren. Sie brauchen die Lebensenergie anderer Menschen. Deren ungestörten Fähigkeiten zu lieben, zu vertrauen und zu empfinden.

Und damit sind wir bei den Opfern. Der Beute moderner Vampire.

Wie wird man zum Opfer?

Eigentlich ganz einfach! Je mehr Eigenschaften man besitzt, die ein moderner Vampir NICHT hat, desto wahrscheinlicher ist es zum Opfer auserkoren zu werden. Je stärker diese Fähigkeiten ausgeprägt sind, desto interessanter wird man als zukünftige Energiequelle für den Narzissten.

Es geht also keinesfalls, um Schwäche, Verletzlichkeit, oder Bedürftigkeit des Opfers. Bedürftig ist der Vampir.

Daher ist er auf der Suche nach einer stabilen und konstanten Quelle, die ihn unerschöpflich damit versorgt. Und das wiederum bedeutet, dass sein Opfer einen stabilen, liebenswerten und offenen Charakter besitzen muß. Jemandem, der auf der einen Seite sehr viel zu geben hat, auf der Anderen aber auch belastbar ist. Schließlich saugt der Vampir konsequent seine Lebensenergie ab.

Der Narzisst lernt und reift nicht an den Gaben und Fähigkeiten seiner Energiequelle. Er kann diese Energie nicht nachhaltig speichern. Er braucht deren Bewunderung, Liebe und Gefühle jeden

Tag erneut, da er sie selbst nicht hat. Weder aufbauen, noch halten kann. Ein Fass ohne Boden. Ein Brunnen mit Loch.

Daher gibt es eine auffallend hohe Korrelation zwischen Narzissten und HOCHSENSIBLEN. Hochsensible Menschen zeigen ein Übermaß an Gefühlen und Wahrnehmungsfähigkeit und sind daher in einem hohen Maße empathisch. Sie nehmen also viel schneller, als "normale" Menschen die starke Bedürftigkeit eines Narzissten wahr und wollen "helfen"! Haben viel zu geben, sind aber schon deshalb auch verletz- und angreifbar.

Was sie aber besonders verletzlich macht ist wiederum ihre Unfähigkeit, die Welt mit anderen Augen zu betrachten, als den ihren. Ihr Mangel an all den Fähigkeiten, die wiederum ein Vampir besitzt. Deshalb die traurige Korrelation dieser beiden Menschengruppen. Das gilt natürlich auch für jeden anderen ehrlichen und aufrechten Menschen.

Wenn einem selbst Lügen, Manipulation und Berechnung fern liegen, erkennt man sie auch viel schlechter. Ja mehr noch, sie liegen so fern, dass man gar nicht auf die Idee kommt in einer Beziehung missbraucht zu werden. Ihr ureigenes, tiefes Vertrauen in Menschen, in echte, aufrichtige Gefühle, ihre eigene Stärken machen sie zu perfekten Opfern. Ihre Eigenschaften und "Naivität" werden ihnen damit zum Verhängnis.

Das Wort Naivität, impliziert für mich immer auch etwas kindliches. Die Sorglosigkeit und Vertrauensseligkeit eines Kindes. Eines Kindes, dass der Welt noch mit offenen Armen begegnet und nicht Böses erwartet, weil es nichts Böses kennt. Weil seine Kinderseele noch rein und frei ist.

Vielleicht ist es tatsächlich so, dass auch im Erwachsenenalter in dieser Korrelation 2 unterschiedliche Kinderseelen aufeinander treffen. Die eine verletzt, gekränkt, missachtet, ohne Vertrauen in andere Menschen. Die anderer voll Vertrauen, Liebe und Glaube an das Gute.

Die große Frage, die mich immer wieder umtreibt und die sich mit Sicherheit so mancher Leser und Neuling auf diesem Gebiet stellt, ist die, des Warum, oder besser des Wie. Wie kann man 25 Jahre lang nicht merken, dass man es mit einem psychisch gestörten Menschen zu tun hat? Wie kann man über so lange Zeit immer wieder die Verletzungen, Missachtung und fehlende Nähe ertragen? Wer tut so etwas - oder besser - wer läßt all dies das über Jahre hinweg mit sich geschehen? Was ist das für eine Person, die all das mit sich machen läßt und erträgt?

Gute Frage!

Aber besser wäre wohl die Frage - und somit auch die Antwort - wie schaffen dass Narzissten? Dazu muss man verstehen, was einen Narzissten ausmacht. Sie sind Meister der Manipulation. Sie leben von den Gefühlen, anderer Menschen, ohne sich selbst preis zu geben. Sie sind extrem geschult im Lesen anderer Menschen. Alles wird abgespeichert und als Werkzeug für die eigenen Interessen benutzt.Sie sind Spezialisten im Aufspüren von Wünschen und Träumen des Gegenübers. Und verkaufen einem all diese Bedürfnisse, als wenn sie ihre eigenen wären. Kurzum, sie interessieren sich nie für die andere Person, sondern nur dafür, wie sie daraus für sich Nutzen ziehen können.

Sie brauchen andere Menschen und deren Gefühle, Wünsche, Bedürfnisse, um sich selbst zu spüren, sich überhaupt wahr zu nehmen und besser fühlen zu können. Sie selbst haben keine Ziele, Wünsche, oder Träume. Zumindest keine übergeordneten, oder langfristigen. Alles, was sie tun ist nur für den Augenblick.

Sie wollen, begehren, brauchen JETZT.

Langfristige Bindungen, oder gar nachhaltige Verbundenheit gibt es nicht!

Dass meine Beziehung zu meinem Vampir so lang gehalten hat, lag wohl daran, dass ich der perfekte Gegenspieler war. Und damit eine echte Herausforderung darstellte. Das hat ihn gereizt. Egal was er tat, egal wie sehr er mich seelisch und emotional all die Jahre ausgesaugt hat - ich habe immer wieder einen Weg daraus gefunden und hab an meinen persönlichen, menschlichen Überzeugungen fest gehalten. Warum ich nicht gemerkt habe, dass ich in einer toxischen Beziehung lebte, liegt wirklich nur daran, dass ich es nicht wusste.

Dass ich NPS nicht kannte und auch nie im Leben auf die Idee gekommen wäre, mit einem zutiefst gestörten Mann zusammen zu leben. Und - ganz wichtig: er war mein Mann und ich liebte ihn.

Der geneigte Leser mag sich jetzt trotzdem die Frage stellen, warum sich ein gesunder Mensch auf Dauer eine solch schwierige Beziehung dauerhaft antut? Wie man jemanden lieben kann, der Einen immer wieder verletzt?

Eine berechtigte Frage, aber die Antwort bleibt die Gleiche: weil ich ihn liebte. Weil ich aufgrund meiner eignen Geschichte und Veranlagung das perfekte Opfer war. Weil ich es für Liebe hielt und die Schuld eher bei mir, als bei ihm gesucht habe.

Und weil ich nicht wußte, dass ich es - sehr gut getarnt - nicht mit einem normal, schwierigen Menschen, sondern einem modernen Vampir zu tun hatte.

Mir hätte ein Buch wie dieses hier wirklich geholfen. Hätte mir viel Leid erspart. Aber erst jetzt tut sich etwas in der Bekanntmachung.

Ich war bei Psychologen, Therapeuten, sogar Eheberatern mit meinem Vampir. Selbst diese geschulten Menschen haben niemals eine NPS erwähnt, oder gar erkannt.

ME, MYSELF and I

Ich, ich und nochmal Ich. Das Leitmotiv und Lebensmotto eines echten Narzissten.

Alles dreht sich um sie selbst und ihre Bedürfnisse, womit automatisch die anderer Menschen in den Hintergrund rücken. Narzissten sind immer Egozentriker. Eine Haltung und Denkweise, die den meisten Menschen fremd ist, denn es widerspricht der menschlichen Natur. Menschen sind obligat soziale Lebewesen. Und das bedeutet, dass der Mensch nicht dafür geschaffen ist, als Einzelkämpfer sein Leben zu bestreiten.

Die Evolution hat uns gezeigt, dass Gruppen- oder Familienverbände die Überlebenschancen steigern, ja ein erfolgreiches Überleben erst möglich machen. Und das setzt Vertrauen, Verlässlichkeit und eine tiefe Überzeugung in dieses Sozialgefüge und seine Mitmenschen voraus. Und das funktioniert nur, wenn jedes Mitglied davon überzeugt ist und sich an die Spielregeln hält, damit das große Ganze optimal funktionieren kann.

Ein Sozialverband erhöht die Sicherheit und den Erfolg. Ermöglicht durch Verteilung mehrere verschiedene Aufgaben gleichzeitig zu bewältigen. Bedeutet Schutz und Geborgenheit und macht es somit erst möglich, die Art, diese Spezies erfolgreich zu erhalten.

Bietet dem Menschen optimierte Voraussetzungen für eine recht lange "Tragzeit"(Schwangerschaft) und ebenso lange Aufzucht des Nachwuchses. Denn bevor Menschenkinder in der Lage sich selbstständig erfolgreich zu versorgen, sind fast 2 Jahrzehnte vergangen. Das bedeutet also: Die Natur hat Narzissten nicht vorgesehen. Oder anders ausgedrückt: Narzissten agieren wider ihrer Natur und senken mit ihrem Verhalten die Überlebenschancen einer Gemeinschaft.

Ist man als obligat soziales Lebewesen geboren, gehört das Erlernen von Kommunikation und ein ausgereiftes Sozialverhalten unbedingt dazu. Denn der soziale Austausch stellt den Kitt einer Gemeinschaft dar, ohne den kein reibungsloses Zusammenleben möglich ist.

Denkt ein Mitglied einer menschlichen Gemeinschaft also nur an sich, gerät das natürliche, soziale Gleichgewicht aus den Fugen und erschwert das Zusammenleben. Dies bedeutet auch, dass die meisten Menschen sich so eine Verhaltens- und Denkweise gar nicht vorstellen können, weil es eben nicht ihrer, der menschlichen Natur entspricht. Und das ist im Bezug auf krankhaft narzisstische Menschen fatal, denn die meisten Menschen denken und handeln einfach anders. Haben ein anderes Bild von sozialen Werten. Wollen gar den Narzissten in ihre normale Welt integrieren. Können sich eine so egozentrische Haltung gar nicht vorstellen. Schon deshalb bleiben moderne Vampire so oft unentdeckt.

Doch es gibt noch mehr Gründe, warum moderne Vampire so schwer erkannt, oder als solche wahrgenommen werden.

Während narzisstische Menschen im psychisch noch normalen Bereich eher als laut und störend auffallen, sind sie im krankhaften Bereich eher leise. Moderne Vampire, wollen nicht so sehr auffallen, dass man sie als solche erkennen und damit enttarnen könnte. Das meine ich mit leise.

Ein von sich total eingenommener Mensch, wird dies immer lautstark kund tun und sich in den Vordergrund spielen. Seht her, wie toll und einzigartig ich bin. So agieren moderne Vampire nicht! Sie ziehen ihre Fäden im Hintergrund. Haben es gar nicht nötig, sich lautstark in's Lampenlicht zu rücken. Zu grelles Licht ist ohnehin nichts für Vampire.

Natürlich mag das Persönlichkeit abhängig sein, aber der große Unterschied, zwischen einem normalen "Wald-und-Wiesen" Narzissten und einem pathologisch gestörten Vampir, ist die Art des Auftritts und Verhaltens. Moderne Vampire sind charismatisch, wirken grandios und kontrollieren ihre Umwelt. Agieren aus dem Verborgenen. Schattenwesen, die aus dem Untergrund ihr Unheil treiben.Normal narzisstisch veranlagte Menschen tun das nicht. Im Gegenteil, sie heischen derart offensichtlich um Anerkennung, dass es sofort auffällt. Es wirkt daher eher plump, als raffiniert. Eine viel zu grelle Selbstdarstellung.

Moderne Vampire, also Menschen, die ernsthaft an NPS leiden, sind viel geschickter. Und doch viel bedürftiger. Viel abhängiger nach Lob, Erfolg und Anerkennung. In den typische Eigenschaften, mag man einen normalen Narzissten nicht sofort, von einem modernen Vampir unterscheiden können. Sehr wohl aber in bestimmten Verhaltensweisen, denn da folgt die NPS klaren Mustern.

Typische und klar definierte Symptome, die in der Summe und Eindeutigkeit, keinen Zweifel an dieser psychischen Störung lassen.

Die sogenannten RED FLAGS dieser toxischen Menschen. Denn so werden sie offiziell bezeichnet - als toxisch, also giftig, vergiftend.

Ich persönlich finde diese Tatsache sehr erstaunlich. Immerhin reden wir von Menschen. Sehr unterschiedlichen Menschen, mit unterschiedlicher Herkunft, Alter, Nationalität, Bildung, Arbeits- bereichen etc.. Und dennoch teilen diese Individuen alle ähnliche

Verhaltensweisen und Eigenschaften. Egal, wer oder was sie sind, am Ende können sie durch ihre Verhaltensweisen klar einer NPS zu geordnet werden.

Allerdings gibt es unterschiedlich stark ausgeprägte Formen der NPS, was die Sache wieder etwas schwieriger macht. Trotzdem treffen die RED FLAGS der NPS nicht auf normal narzisstisch veranlagte Menschen zu. Verhaltensweisen, Vorgehen und Eigenschaften gleichen sich eben nicht.

Wenn ein Mensch aufbrausend, eifersüchtig, oder machthungrig und berechnend ist und auch so handelt, macht ihn das nicht gleich zu einem gestörten Menschen. Sicherlich sollten solche Menschen mal in sich gehen und sich fragen, ob diese Verhaltensweisen so gesund für sie und ihre Mitmenschen sind. Doch solang sie damit nicht ernsthaften Schaden angerichtet und Menschen verletzten, hält sich das immer noch in einem gesunden, normalen Rahmen auf.

Es sind menschliche Eigenschaften und Verhaltensweisen. Und Menschen sind nunmal unterschiedlich und individuell.

Menschen, die an NPS leiden sind nur bedingt einzigartig, denn sie sind in bestimmten Verhaltensmustern verhaftet.

In ihrer psychischen Störung zeigen sie eindeutige Verhaltensweisen, die ganz klar definierbar sind: NPS! Eigenschaften und Verhaltensweisen, die in der Summe nur Menschen mit dieser Störung zeigen.

Oder anders ausgedrückt: Die Störung definiert diese Menschen in einem so hohem Maße, dass sie in vielen Punkten eben nicht mehr individuell sind! Die Störung bestimmt ihr Handeln, ihr Denken, ihr Empfinden und damit eben auch ihre Persönlichkeit.

So raffiniert und geschickt sie ihre Vampirstrategien auch anwenden mögen, so simpel ist der Beweggrund dahinter. So einfach lassen sich diese raffinierten Strategien als solche erkennen und enttarnen. Wenn man darum weiß!

Das ist der Unterschied. Unterscheidet einen normal veranlagten Narzissten von Menschen mit NPS.

Ich war 25 Jahre lang mit einem Menschen verheiratet, der sich ganz klar in seinen Verhaltensmustern dem Bild einer psychischer Störung zu ordnen läßt. Ich liebte einen Mann, der nur zum Teil das war, was er vorgab. Ich teilte mein Leben mit Jemanden, der nie wirklich frei und psychisch gefangen war und hab es nicht gewußt. Geahnt sehr oft. Gemerkt auch. Aber, wenn man nicht weiß, dass das, was man als nicht ganz normal wahrgenommen hat, normal für eine NPS ist, bleibt es eben nur bei einem Bauchgefühl.

Nur das Wissen um die Existenz dieser Störung hilft. Enttarnt sie als moderne Vampire!
Deshalb sollte man diese RED FLAGS unbedingt kennen.

RED FLAGS

Dieser Begriff läßt sich am Besten mit Warnzeichen, roten Signalflaggen übersetzen, doch wird dies in der deutschen Sprache so nicht benutzt. Wir sprechen eher von Alarmglocken, die läuten, oder schrillen, wobei es diesen Ausdruck auch im Englischen gibt. Gemeint sind Zeichen, die einen aufhorchen lassen und zu einer gewissen Vorsicht auffordern. Typische Merkmale, die Gefahr anzeigen. Und die gibt es bei Narzissten, bzw. bei NPS. Bekannte und typische Anzeichen, die einen toxischen Menschen und damit eine ungesunde Beziehung beschreiben und den modernen Vampir enttarnen.diese werden folgend näher erklärt, zumal alle Begriffe englisch sind. Zum Einen, weil dies nun mal die die Weltsprache ist, in der vor Allem wissenschaftliche Texte verfasst werden. Zum Anderen, weil diese Begriffe tatsächlich oft zum Kulturgut der englischen, oder amerikanischen Geschichte gehören. Viele dieser Bezeichnungen lassen sich daher meines Erachtens teilweise mehr schlecht, als recht ins Deutsche übertragen. Sehr wohl aber lassen sie sich erklären. Insbesondere, weshalb die einzelnen Bezeichnungen für typische Verhaltensweisen eines Narzissten gewählt wurden.

Doch neben den typischen Verhaltensweisen, den bekannten und erkennbaren RED FLAGS, denen der moderne Vampir folgt, gibt es auch typische Eigenschaften, die einen modernen Vampir, sprich Narzissten beschreiben.

Eigenschaften, die einen Narzissten/Vampir ausmachen:
- Charismatik
- Weltgewandtes, überzeugendes Auftreten
- Süchtig nach Anerkennung und Erfolg
- Selbstbezogen, Egoistisch, komplett Ich orientiert
- Extrem manipulativ
- Wahrheitsverdreher, pathologische Lügner
- Benutzung andere Menschen, um eigenen Ziele zu verfolgen

Was ein Narzisst/Vampir nicht hat, nicht kann oder kennt:
- Demut und Bescheidenheit
- Reue und Schuldgefühle
- Einfühlungsvermögen, echtes Interesse an anderen Menschen
- Mitgefühl und Empathie
- Teamfähigkeit, Soziale Kompetenz
- echte Freundschaften
- tiefer gehende Beziehungen und Gefühle

Nur in der Summe ergibt sich das Bild eines möglichen Vampirs/ Narzissten, einer NPS. Doch hier ist Vorsicht geboten. Es gibt noch andere psychische Störungen, die ähnliche Muster und Eigenschaften zeigen.
Hingegen zeigt der Ablauf einer toxischen Beziehung mit einem narzisstisch gestörten Partner immer die gleichen Muster.
Verhaltensweisen, die nur einen Menschen mit NPS definieren und den modernen Vampir enttarnen.

Die RED FLAGS einer NPS

- LOVEBOMBING
- GASLIGHTING
- SILENT TREATMENT
- FLYING MONKEYS
- HOOVERING

LOVEBOMBING

Ein Bombardieren, ein Zuschütten von Liebesbezeugungen,-beteuerungen,-bekundungen und -versprechen. Der Beginn jeder Beziehung mit einem modernen Vampir. Schwindelerregende Höhenflüge der Emotionen. Ein grenzenloser Liebeswahn. Ein überwältigendes Gefühlsereignis. Ein wahrer Liebesrausch. Hat der Vampir sich ein geeignetes Opfer ausgesucht, gibt es kein Halten mehr. Er gibt Alles, um sicher zu gehen, dass er sein neues Objekt der Begierde auch wirklich von sich überzeugt und es dauerhaft an sich binden kann. Denn der Narzisst braucht immer eine Energiequelle. Ohne die Gefühle, die Anerkennung und Bewunderung Anderer kann er nicht leben.

Ich habe überlegt, ob ich dabei auch das Wort Liebe mit ins Spiel bringen soll, denn schließlich reden wir von LOVEbombing. Aber mit Liebe hat das nichts zu tun. Der moderne Vampir liebt nicht - er will! Er braucht! Er muss!

Er mag durchaus verzückt sein ein so geeignetes Opfer gefunden zu haben und tut Alles, um sich dessen Liebe gewiss zu sein. Er selbst aber liebt nur sich, oder besser, seine Bedürfnisse. Den Rausch, das Glücksgefühl, das Spiel, die erfolgreiche Jagd. Wenn ein Narzisst ein neues Opfer auserkoren hat, gibt er gerade am Anfang wirklich Alles! Es gibt keine Grenzen! Nichts ist ihm/ihr heilig genug, um es bei seinem "Beutefang" einzusetzen. Das wirkt auch nach Außen grandios. Ist atemberaubend, unvergleichlich und so nie da gewesen. Ich werde nie vergessen, wie meine beste Freundin damals zu mir sagte: "Ich habe noch nie einen so verliebten Mann gesehen. Die Art, wie er Dich ansah war voller Verzückung!"

Dass schmeichelt und zeigt, dass nicht nur ich blind für die traurigen Tatsachen war. Man fühlt sich begehrt, umschwärmt, verstanden, wahrhaft geliebt.

Doch von Anbeginn hat all das Werben, Begehren, die scheinbare Hingabe, nichts, aber auch gar nichts, tatsächlich mit der eigenen Person zu tun! Oder gar mit Liebe. Das, was da abläuft ist "Beutefang", zur Befriedigung narzisstischer Bedürfnisse.

Heute weiß ich, dass mein Vampir es gar nicht fassen konnte, ein so perfektes Opfer, wie mich gefunden zu haben! Darin war er verliebt - nicht in mich!

Denn verliebt war er durchaus. In meine Eigenschaften, meine Fähigkeiten, meine "Unschuld" und Gaben. Verliebt war er in einen Menschen, der soviel besaß, was er selbst nicht hatte, kannte, konnte. Er war geradezu benommen von der Option, diesen Menschen an seiner Seite, in seinem Leben zu haben.

Doch ging es ihm nie um mich. Doch schon, auf seine Weise. Nur mein Leben, meine Bedürfnisse, oder Vorstellungen waren dabei nicht wichtig. Nur zur Befriedigung seiner eigenen Bedürfnisse nützlich. Es machte ihm Freude mich zu umgarnen, mir neue Welten zu zeigen, mich zu entführen, aber es ging ihm dabei nicht darum MICH glücklich zu machen, sondern dadurch sich selbst.

Ihm machte es Spaß mich in seinen Bann zu ziehen. Es machte ihm Freude, mich derart beeindrucken zu können. Er war fasziniert von meinen Gefühlen.

Das ist der schwierige Widerspruch, den es erstmal gilt zu erkennen. Er tat all dies nicht für mich, sondern ausschließlich für sich.

Doch wie soll man das erkennen? Auseinanderhalten? Auch jetzt fällt es mir noch schwer, dies genau zu benennen. Der Unterschied zu normalen Menschen ist der Anspruch, die Voraussetzung, der Antrieb.

Beispiel: Ich z.B. schenke lieber, als dass ich beschenkt werde. Mir macht die Freude in den Augen der Beschenkten, die geglückte Überraschung, mehr Spaß, als dies selbst zu erleben. Mein Schenken ist nicht Ichbezogen, sondern hat ausnahmslos etwas mit meiner ehrlichen Zuneigung zu diesem Menschen zu tun.

Bei einem Narzissten ist das Teil seiner Strategie. Gehört zum Beutefang dazu. Ist ein geschicktes Beobachten, geschieht aber nicht aus selbstloser Liebe. Nie!

Als Auserwählte/r kommt einem all das natürlich nicht in den Sinn. Man läßt sich berauschen, mitziehen, erliegt diesem Liebeswahnsinn. Man erlebt all diese Gefühle wahrhaftig und ehrlich. Der Rausch, das Hochgefühl, diese scheinbar grenzenlose Einzigartigkeit macht einen verliebt in denjenigen, der all dies auszulösen vermag.

Wem schmeichelt es nicht, so begehrt, verwöhnt, so einzigartig für einen Anderen zu sein? Wer läßt sich nicht davon einfangen, einnehmen, mitreißen? Vor Allem, wenn dies tatsächlich von einem ungewöhnlichen, einzigartigen Menschen kommt.

Denn das sind sie. Ungewöhnlich charismatisch, einzigartig in ihrer Souveränität und extrem überzeugend in Allem, was sie tun. Es gibt nur einen wirklich fatalen Unterschied zwischen dem Betroffenen und dem Vampir: Echte Gefühle! Wirkliche Liebe! Tatsächliche Verliebtheit! Und genau dieser Unterschied macht einen als Opfer so leicht angreifbar.

Zudem fällt es normalen Menschen schwer so zu denken, oder zu fühlen, wie ein Vampir. Deshalb hinterfragt man in diesem Liebestaumel auch nichts. Zumindest hab ich es nicht getan. Wer kommt schon auf die Idee, dass eines der großartigsten Gefühle, Teil einer Strategie ist? Wer wagt in kompletter Verliebtheit Zweifel zuzulassen? Wer stellt in so einem berauschenden Zustand das Liebesobjekt in Frage? Denn ganz ehrlich, normal ist das nicht. Von Anfang an! Zu viel, zu heftig, zu einzigartig! LOVEBOMBING halt! Der moderne Vampir liest einem jeden Wunsch von den Lippen ab. Beschenkt einen großzügig. Überrascht einen mit ungewöhnlichen Taten. Scheint Alles zu teilen, was einem wichtig ist. Begeistert sich für die gleichen Interessen. Alles scheint so perfekt überein zu stimmen. Nur leider ist der endlich gefundene Seelenverwandte in Wahrheit ein Seelenvampir.

Von Anfang an lebt der Vampir von diesen echten, großen Gefühlen des Opfers. Verkauft ihm seine eigenen Träume, Wünsche, Sehnsüchte und Hoffnungen. Bedient geschickt alle Optionen, die direkt ins Herz seiner Beute führen.

Daran erfreut er sich auch wirklich und aufrichtig. Nur ist seine Motivation eine vollkommen Andere. Jedes Opfer einer toxischen Beziehung wird einen ähnlich fulminanten Start bezeugen.

Absolut berauschend, sehr überzeugend und scheinbar grenzenlos.

Deswegen gehört das LOVEBOMBING als RED FLAG unbedingt zum Start dazu. Ausnahmslos!

Der moderne Vampir muss sicher gehen, dass seine Jagd Erfolg hat und dafür überschreitet er alle denkbaren Grenzen. Macht das Unmögliche möglich. Verkauft Gefühle.

Nur wer diese RED FLAG kennt, kann sich davor schützen.

Nur wer weiß, dass es überhaupt eine solche psychische Störung gibt, kann den Vampir erkennen. Und selbst dann ist es schwer von dieser Versuchung Abstand zu nehmen.

Ich aber war komplett ahnungslos. Und leider auch mein Umfeld.

Im Gegenteil! Vor Allem mein Umfeld hat mich - unwissend und damit unbeabsichtigt - immer wieder in die Arme meines Vampirs getrieben.

Schade.

GASLIGHTING

Dieser Begriff erklärt sich nicht von selbst und ist nur dann zu verstehen, wenn man den Ursprung dieser gewählten Bezeichnung kennt.

Dieser geht auf ein Theaterstück von Patrick Hamilton aus dem Jahre 1938 zurück, Namens GASLICHT (GASLIGHT). In diesem Drama versucht ein Mann durch perfide Manipulation seine Ehefrau langsam in den Wahnsinn zu treiben, um an ihr Erbe zu gelangen. Er tut dies auch, um sich selbst zu schützen und einen Mord zu vertuschen, den er aus Habgier begangen hat, die "Belohnung" dafür aber bislang nicht finden konnte. Seine Ehefrau dient somit auch als Tarnung. Ist Teil seines Plans.

Das Stück spielt in London zu einem Zeitpunkt in dem viele Häuser noch Gaslampen als Lichtquelle hatten. Der Gasdruck in den Leitungen war abhängig von der Anzahl der Lampen. Je mehr Lampen also gleichzeitig an waren, desto niedriger die Lichtqualität. Und genau das fiel der jungen Ehefrau auf. Immer, wenn ihr Mann das Haus verließ, hörte sie in der leer stehenden Wohnung über ihr Schritte, und das Licht wurde dunkler. Doch darauf angesprochen, stritt ihr Mann nicht nur jeden Zusammenhang ab, sondern stellte ihre Wahrnehmung selbst in Frage.

Somit zweifelt die Ehefrau zunehmend an der Echtheit ihren Wahrnehmungen und ihr Mann suggerierte ihr ebenso zunehmend, sie sei psychisch krank. Diese Überzeugung wird dann auch durch andere kleine Manipulationen unterstützt.

So verschwinden beispielsweise immer wieder Dinge, die sich dann im Besitz der Ehefrau wieder auffinden, ohne dass sie sich daran erinnern kann, wie sie dort hin gekommen sind. Ihr Ehemann erzürnt sich darüber immer mehr und sucht Komplizen in der Dienerschaft, die dieses seltsame Verhalten bezeugen sollen.

Um ihre psychische Gesundheit "besorgt", besteht er darauf, dass sie regelmäßig ihre "Medizin" nimmt, die er ihr besorgt, die aber in Wahrheit ihren Gesundheitszustand zusätzlich schwächen.

All dies tut er, um jeden Verdacht von sich abzulenken und die Wahrheit zu verschleiern, denn er ist ein kalkulierter Mörder und Heiratsschwindler. Nichts an ihm ist echt, nicht mal sein Name.

Dabei benutzt er die Liebe seiner Ehefrau(en) und setzt geschickt Manipulation ein, um seinem Ziel näher zu kommen. Seine Frau liebt und vertraut ihm und zweifelt eher an sich und an ihrem Gemütszustand, als an der Aufrichtigkeit ihres Mannes.

Was diesem durchaus bewußt ist! Er benutzt sie, um an ihr Vermögen zu kommen.

Gleichzeitig sucht er in der leer stehenden Wohnung, die sie nicht betreten darf, immer noch nach den Rubinen der Ermordeten.

Das sind die Schritte, die die junge Ehefrau hört und die zusätzlichen Lampen, die das Gaslicht im Haus dunkler werden läßt. An ihrer Wahrnehmung, ihre Psyche ist also nichts falsch. Und doch gelingt es ihrem Mann, ihr genau das zu suggerieren.

Warum ich dieses Theaterstück so genau beschreibe, liegt daran, dass die Bezeichnung GASLIGHTING nicht besser gewählt sein könnte, für eine typische Verhaltensweise von modernen Vampiren. Punkte wie:

- Uneingeschränkte Liebe und Loyalität der Ehefrau, gegenüber ihrem Mann
- Zweifel an sich selbst, ohne jemals ihren Mann in Zweifel zu ziehen
- Eine Abhängigkeit, die sie - im wahrsten Sinne des Wortes - vergiftet
- Ihr verzweifelter Versuch, trotz all ihrer "Fehler", ihm zu gefallen und seine Zuneigung zu erhalten
- Sich selbst als Belastung und fehlerhaft zu empfinden
- Ihrem Mann dankbar ist, sie trotz Allem auszuhalten und zu lieben
- Die grenzenlose Naivität, ihr Mann könne ja nur das Beste für sie wollen und sie ernsthaft lieben
- Die Unfähigkeit, sich ihrem Mann zu widersetzen, oder an seinen „guten" Absichten zu zweifeln
- Ihr Glaube an Aufrichtigkeit, Liebe und Vertrauen
- Ihr Glaube an die eignen Fehlerhaftigkeit

Wer diese Thema wirklich begreifen will, sollte sich das Stück unbedingt mal ansehen, denn besser kann man die Manipulation eines Narzissten kaum beschreiben.

Obwohl der Ehemann schwere Schuld trägt und versucht diese zu verbergen, beschuldigt er seine Frau fehlerhaft, gestört und wahnhaft zu sein. Und diese glaubt das.

Denn darum geht es beim GASLIGHTING - sein Gegenüber/ Partner als irre, fehlerhaft und verstört darzustellen. Pure Manipulation um die eigenen Interessen zu wahren. Bar jeglicher Logik, aber leider häufig sehr wirkungsvoll! Das Gegenüber beginnt an sich und seiner Wahrnehmung zu zweifeln. Ein extrem gekonntes und perfides Spiel.

GASLIGHTING kann - wie in dem Theaterstück beschrieben - tatsächlich soweit gehen, dass auch faktisch manipuliert wird.

Also Beispielsweise (heimlich) die Haustür wieder auf zu schließen, den Herd (unbeobachtet) anzustellen, Dinge (bewußt) zu verstecken, um den Partner damit zu verunsichern, indem suggeriert wird er selbst hätte all das getan. Ihm wären dies Fehler unterlaufen. Er wäre Schuld daran. Um dann entweder mit Wut, zumindest aber mit Vorwürfen und Fassungslosigkeit auf dieses Verhalten zu reagieren. Oder - noch perfider - wie in dem Theaterstück - mit scheinbarer Liebe und Sorge.

"Kann ja jedem mal passieren". "Bist halt ein kleines Schusselchen". "Ich glaub, Du bist grad mit Allem etwas überfordert"," Kein Wunder, bei dem Stress, den Du hast" ..etc...p.p..usw...

Diese Form der Manipulation, also die Unterstellung, ich hätte irgendetwas, verlegt, oder vergessen, ist mir persönlich zum Glück nie passiert. Das mag wohl auch daran liegen, dass ich ein unglaublich gutes Gedächtnis habe. Ich erinner mich bildlich und deswegen ist es schwer, mir in diesem Fall etwas vor zu machen. Das wußte auch mein Vampir!

Dennoch wurde auch ich immer wieder Opfer dieser RED FLAG.

Beim GASLIGHTING geht es immer um Verunsicherung des Gegenübers und hochgradige Manipulation. Der psychologische Begriff dafür heißt INSTABILISIERUNG und wird vor Allem in Gesprächen angewandt.

Diskutieren Sie nie mit einem echten Narzissten!

Sie können nur verlieren!

Denn er hält sich an keine Regeln. Und Moral kennt er ohnehin nicht. Inhalte interessieren ihn nicht und seine Aktionen und Reaktionen entsprechen einfach nicht der Erfahrung mit anderen Menschen, mit normalen Gesprächspartner. Hier ist totales Umdenken gefordert!

Wenn man es weiß! Wenn man weiß, dass man es mit einem Narzissten zu tun hat und wie dieser tickt. Worum es einem Vampir in einem Gespräch wirklich geht!

Denn das ist immer und grundsätzlich etwas anderes, als das was Sie wollen, hoffen, oder wünschen.Vor Allem, jenseits dessen was man gewohnt sind. Was man gelernt hat.

Eine gute, normale, Themen orientierte Gesprächsführung?

Vergessen Sie's!!!

Diskussionen oder Auseinandersetzungen im herkömmlichen Sinne, sind nicht möglich. Es geht nicht um Thema, Inhalt, oder Ursache eines Gesprächs. Es geht immer nur um Macht, Kontrolle und Manipulation.

25 Jahre lang habe ich versucht, meinem Vampir den Unterschied zwischen einer angeregten Diskussion, einer konstruktiven Auseinandersetzung und einem Streit klar machen zu wollen. Erfolglos. Jetzt erst weiß ich warum.

Ich bin kein streitsüchtiger Mensch, aber ich liebe die Kunst einer fundierten Diskussion, einer ernsthaften Auseinandersetzung.

So bin ich auch erzogen worden! Es wurde darauf bestanden klar zu formulieren, was und warum mich etwas bedrückt, oder was und warum genau ich etwas will, oder eben nicht. Von kleinauf.

Ich hab gelernt, meine Bedürfnisse, Wünsche, Ängste und Meinung in Worten verständlich auszudrücken. Zielorientiert zu begründen, zu erklären, zu verdeutlichen, was ich will und wer ich bin! Das schult und darin war ich auch deutlich besser, als mein Vampir.

Selbst, wenn Emotionen hochkochen, versuche ich immer noch auf die grundsätzlichen Regeln einer vernünftigen Kommunikation zu achten. Dazu gehört unbedingt auch eine gesunde Streitkultur !

Selbst wenn eine Situation droht zu eskalieren, selbst, wenn es um Etwas wirklich Wichtiges geht, habe ich gelernt, mich an Regeln zu halten und so dem Thema adäquat zu begegnen und es zu lösen.

All dies: Fehlanzeige beim Narzissten. Gern wird Alles sofort zum Streit, selbstverständlich ohne ernsthafte Auseinandersetzung.

Die Lautstärke steigt, Emotionen werden abgerufen, Worte und Sätze bis zur Unkenntlichkeit verdreht, Dinge behauptet, oder erfunden, die überhaupt nichts zur Sache tun und sehr oft komplett entstellt aus dem Zusammenhang gerissen werden.

Ums eigentliche Thema geht es schon lang nicht mehr.

Unterstellungen, Vorwürfe und perfide Verletzungen halten Einzug in ein Gespräch, was gar keines mehr ist! Und gibt man gar Widerworte, wird man zum Feind! Und der wird dann mit allen Regeln der Kunst -narzisstischer Kunst- bekämpft. Mit allen (unmoralischen) Mitteln der Manipulation nieder gemacht!

Fühlt sich der Narzisst angegriffen, oder fürchtet er gar, man käme ihm zu nah, wird ausgeteilt. Aus jedem noch so harmlosen Gespräch wird so gern ein handfester Streit!

Trifft man den Vampir auf dem falschen Fusse, oder spricht man gar tatsächlich etwas an, was ihn in die Ecke treiben, oder gar entlarven könnte, eskaliert die Situation komplett. Und man fragt sich nur noch: „Was ist denn jetzt los?" "Wie bin ich denn da rein geraten?"" Wieso läuft denn hier alles aus dem Ruder?"

Man befindet sich Mitten in einem heftigen Streit, der zu Nichts führt! Den man so sicherlich nicht wollte, oder gar beabsichtigt hatte. Ohne jegliche weiteren Zugriffsmöglichkeiten.
Kommen Sie jetzt bloß nicht mit Logik!
Ganz blöder Fehler!
Es geht nicht um Logik! Es geht auch nicht um ein friedliches Ziel!
Und schon gar nicht um ein normales Gespräch.
These - Antithese - Synthese ....viel Spaß damit!
Hat man es gewagt, ein Thema anzusprechen, was der Narzisst nicht mag, hat man ihn gar herausgefordert, oder in Frage gestellt, hat man schon verloren. Dafür muss man büßen! Mit allen Mitteln, die verletzen können. Denn dies ist dann der letzte Schritt: Beleidigungen. Sehr gern unter die Gürtellinie, denn der Narzisst fühlt sich angegriffen und das macht ihn wütend.
(NARZISSTISCHE WUT)
Das Perfide daran ist, dass man dieses Gespräch ja nicht umsonst gesucht hat. Man möchte etwas ansprechen, oder klären, doch hat man am Ende mehr zerstört, als gewonnen. Und man fühlt sich auch noch schuldig.
Willkommen im GASLIGHTING!
Da geht aber noch mehr! Ich persönlich, habe das GASLIGHTING als einen sehr belastenden Punkt in meiner Ehe empfunden. Man hat kommunikativ einfach keine Handhabe. Alles wird, verdreht, ignoriert und gegen einen verwendet.Basis, Moral, Erfahrung, Grundsätze, alles über den Haufen geworfen. Zählt nicht. Gibt's nicht! Woran will man sich da noch orientieren?
Äußerst perfide und eine Spezialität meines Vampirs: Dinge, Worte, Sätze komplett aus dem Zusammenhang zu reißen und sie bis zur Unkenntlichkeit zu entstellen. So zu verdrehen, zu verzerren, zu entstellen, dass sie zu einer Waffe gegen mich wurden.

"Du hast gesagt..." Vorwurf des Narzissten
"Nein hab ich so überhaupt nicht gesagt! Das Thema des Gesprächs zeigt doch, was ich meinte"
"Doch, Du hast dieses Wort (diesen Satz) benutzt und das verletzt mich" spricht der Narzisst
"Aber darum ging es doch gar nicht! Du kannst das doch nicht aus dem Gespräch isolieren und jetzt als Vorwurf formulieren"
"Doch kann ich! Du hast gesagt....Ja, oder Nein?" Will der Narzisst wissen......

Das Ende jeglicher normalen Diskussion. Ein Festnageln auf Dinge, Worte, Aussagen, die so einfach keinen Sinn mehr ergeben, weil ihnen der Kontext fehlt. Gefolgt von einem Rumreiten auf diesem Wort/Satz als emotionaler Vorwurf. Wie ne Platte mit nem Sprung. Macht echt keinen Spaß! Frustriert, verletzt, macht traurig und hilflos. Kein Wunder also, dass viele Opfer moderner Vampire einfach aufgeben. Gespräche, oder ernsthafte Diskussionen über persönliche Wünsche und Bedürfnisse einfach lassen.

Themen, die sie bewegen, nicht mehr ansprechen, aus Angst vor der NARZISSTISCHEN WUT, wie sie bezeichnet wird.

Leider entspricht das nicht meinem Wesen. Ich insistiere auf Dingen, die mir Wichtig sind. Und ich wußte ja nicht, mit WEM ich es in Wahrheit zu tun hatte. Ein weiteres Mal erwähn ich gerne, dass ich nie im Leben auf die Idee gekommen wäre, gerade mit einem psychisch gestörten Menschen zu reden. Für mich war das mein sehr eigenwilliger Ehemann, der bestimmte Dinge einfach nicht beherrschte, oder gelernt hat. Das ist ein gewaltiger Unterschied!

So blieb mir dann leider auch, die nächste Reaktion eines typische Narzissten nicht erspart. Denn nach solchen Auseinandersetzungen, bei denen ich, trotz Allem, schlichtweg besser und geschulter war als er, hat sich mein Vampir beleidigt zurückgezogen.

Und nichts kann ein verletzter Narzisst so gut, wie leiden.

Je näher man seinem eigentlichen Ich gekommen ist, desto beleidigter ist er. Und je mehr man an der Fassade gekratzt hat, desto heftiger die Reaktion. Da kommt dann das kleine Kind in ihm zum Vorschein, was ja ohnehin, durch die Diskussion schon gestört wurde und sich angegriffen fühlt. Kommt man im Streit nicht weiter, wird eine neue Strategie gewählt:

SILENT TREATMENT

SILENT TREATMENT

Ein feststehender Begriff in der englischsprachigen Psychologie und ich finde ihn mal wieder sehr schwer zu übersetzen. Ich persönlich, würde dieses Verhalten als "Schweigestrafe", Rückzug, eine Form des GHOSTING bezeichnen. Man wird nicht mehr wahrgenommen. Schon gar nicht als Mensch. Man wird ignoriert. Egal, was man tut oder sagt. Man ist ein "Geist" im eigene Haushalt.

Für mich die brutalste Manipulationstechnik des modernen Vampirs. Tatsächlich hatte ich am Ende einer sehr langen Zeit, dieses "Liebesentzugs" einen Nervenzusammenbruch und das will bei einem sonst so robusten Charakters wie mir, was heißen.

Ein Ausstehender, Nichtbetroffener kann sich nicht vorstellen, wie das ist, als Mensch und Lebenspartner schlichtweg nicht wahrgenommen zu werden. Kompletter Entzug von Austausch, Emotionen, Gespräche, Körperlichkeit....NICHTS!

Eine Art "Isolationshaft"! Ich kann mir sicherlich nicht anmaßen, zu wissen, wie sich Isolationshaft anfühlt, aber der kleine Einblick in diesen Zustand und damit einhergehend Gefühle hat mir gereicht.

Mit jedem normalen Menschen könnte man diese unerträgliche Situation über ein Gespräch klären. Aber der Versuch eines Gesprächs hat ja erst zu diesem erbärmlichen Zustand geführt. Also: Keine Option! In meiner Verzweiflung habe ich es natürlich trotzdem versucht- erfolglos, klar.

Mit Lachen, mit Weinen, mit Emotionen, mit Sachlichkeit, Logik..... nun, das Alles hat ja schon vorher nicht funktioniert! Vergebene Liebesmüh. Was kann man tun? Wie kommt man aus dieser unerträglichen Situation wieder raus? Aus meiner Erfahrung: gar nicht! Es sei denn, man verbiegt sich komplett! Läßt sich noch das letzte bißchen Überzeugung und Selbstbehauptung rauben und lenkt ein. Entschuldigt sich für Etwas, was man gar nicht gewollt, geschweige denn verursacht hat. Bettelt um Liebe, Zuneigung und Gefallen. Schmiert dem Vampir Honig (oder das eigenen Blut) ums Maul und läßt ihn wieder als Held erstrahlen.

Weiß man, dass SILENT TREATMENT zu den typischen Verhaltensweisen eines modernen Vampirs gehören, kann man damit weitaus besser umgehen. Schließlich weiß man dann, warum sich der Partner so verhält. Trifft es einen aber unvorbereitet und ahnungslos, ist es brutal. Ich bin dem wahren Ich meines Vampirs durch ein längst überfälliges Gespräch so nah gekommen, dass weder ich noch er schadlos zurück gehen konnten. Ich, weil tatsächlich eine Grenze erreicht war, die ich nicht mehr Willens war zu überschreiten.

Er, weil ich nach 20 Jahren einfach viel zu viel über ihn wußte und ihm damit mit jedem Gespräch immer näher gekommen bin.

Und - ohne es zu wissen - hab ich alles getan, was einem Narzissten ernsthaft Sorge bereitet und in die Flucht schlägt. Ich stand kurz vor der Entlarvung meines Vampirs.

Tatsächlich war das SILENT TREATMENT, diese stille, stumme, schweigende "Behandlung", der er mich unterzogen hat, Auslöser für eine bewußte Distanzierung meinerseits von meinem Vampir.

SILENT TREATMENT ist einfach keine Art, mit Menschen um zu gehen. Hat keine Daseinsberechtigung in einer ernsthaften Beziehung. Ist kindisch und verletzend. Ändert nichts - tut nur weh.

GASLIGHTING ist schon anstrengend genug, weil ernsthafte Probleme, Sorgen und Nöte durch diese Manipulationstechnik einfach immer auf der Strecke bleiben. Da braucht man als Folge nicht noch das SILENT TREATMENT. Das ist für die normale Psyche eines noch so gesunden Menschen einfach zu viel.

Auch bei mir war ein Punkt erreicht, an dem ich nicht mehr kämpfen wollte. Seine Spielchen nicht mehr ertrug. Keine Kraft mehr hatte. Es ging mir derart an die Substanz, dass ich mich von meinem Vampir zurück gezogen habe - um zu überleben!

Die andere Option wäre ein weiteres Einlenken, Beschwichtigen, Zurückrudern gewesen. Ein MIA CULPA!

Was schwer ist, wenn es keine Erklärungen gibt. Wenn man gar nicht weiß, woran genau man denn nun Schuld tragen soll. Auch auf die Frage hin: "Was hab ich Dir getan? Warum behandelst Du mich so?" kam nur:"Das weißt Du genau!"

Nee, klar, deshalb frag ich ja ...???!!!!

Es ist einfach hoffnungslos mit normalen menschlichem Empfinden gegen einen modernen Vampir zu kämpfen. Hoffnungslos und Aussichtslos und das wurde mir in dieser überaus schmerzhaften und vernichtenden Situation bewußt.

Vielleicht trägt dieses Buch dazu bei, anderen Menschen diese grausame Erfahrung zu ersparen. Wenn bewußt mit Emotionen und Verbundenheit in einer Beziehung gespielt wird, dann kann das nur verletzen. Nirgendwo fühlt man sich so einsam, wie an der Seite eines vertrauten Menschen in die Isolation geschickt zu werden. Nichts schmerzt in einer Partnerschaft so sehr, wie fehlenden

Zweisamkeit. Nichts macht einen so machtlos, so verzweifelt, lähmt so sehr, wie der Mangel an Handlungsmöglichkeiten. Zugriffsentzug.

Jeder normale Mensch würde Alles versuchen diesen Zustand so schnell wie möglich zu beenden, weil er unhaltbar ist.

Fast Alles, in meinem Fall. Denn nach über 20 Jahren dieses "Komm her-Geh weg-Spiels", war ich müde, zermürbt und ausgelaugt. Meine Psyche schrie nach Heilung, nach Frieden, nach Ruhe. Mein Glück im Unglück: Durch diese schmerzliche Erfahrung, habe auch ich mir ein Schutzschild zugelegt. Hat ja lang genug gedauert - aber ich wurde immun gegen die meisten Manipulationstechniken meines Vampirs. Nur deshalb konnte ich schlußendlich überleben.

SILENT TREATMENT ist für mich persönlich tatsächlich die perfideste Manipulationstechnik. Nichts geht so sehr an die Substanz. Und keine andere Eigenschaft von Menschen mit NPS zeigt so deutlich, wer sie sind, worum es ihnen geht und wie weit sie dafür bereit sind zu gehen.

Es geht immer um Macht, Kontrolle und bedingungslose Bewunderung. Kratzt man an an dieser Oberfläche, stellt man den Vampir gar in Frage, wird mit allen Mitteln dagegen angegangen.

Und wenn gar nichts mehr geht, oder Alles Andere bislang diese Wirkung verfehlt hat, folgt das SILENT TREATMENT.

Hat das GASLIGHTING nicht den gewünschten Erfolg gezeigt, stehen dem modernen Vampir ja noch andere Manipulations-techniken zur Verfügung. Und Alles nur, um nicht erkannt zu werden. Alles nur, um das kleine, verletzte und äußerst fragile Kind in ihnen zu schützen.

Durch den kompletten Entzug jeglicher Kommunikationsform, wird Einem auch jegliche Angriffsfläche geraubt. Das ist Ziel und Zweck des SILENT TREATMENT. Kompletter Entzug von jeglicher Nähe. Verweigerung jeglicher Kommunikation. Eiseskälte im eigenen Haus. Das gilt natürlich auch für Sex, der ja oft als letztes Mittel bleibt, um gerade auf der nonverbalen Ebenen wieder Frieden herzustellen. Wieder Nähe und Verbundenheit zu schaffen. Zur Versöhnung. Als körperlicher Ausdruck von Liebe. Als Kittmittel, der schon so manche Ehe gerettet hat. Das ist natürlich auch dem Narzissten klar, also wird auch auf dieser Ebene ein Riegel vorgeschoben. Und damit er erst gar nicht in Versuchung gerät: sofortiger Auszug aus dem Ehebett! Gern auch komplettes

Verschwinden über Nacht. Abwesenheit, Leere, Ungewissheit, Einsamkeit und Angst.

Dies sind nur einige Gefühle die sich bei einem Opfer im SILENT TREATMENT einstellen. Ist man hier psychisch nicht gut aufgestellt, geht man zu Grunde. Aber wer ist an der Seite eines Energieräubers und Seelenvampirs überhaupt noch psychisch stabil? Welcher normal Sterbliche kann so etwas dauerhaft ertragen?

Ich weiß nicht, ob sich Außenstehende auch nur im Ansatz vorstellen können, wie sich so eine Zeit anfühlt. Die Zeit des SILENT TREATMENTS. Und die kann lang sein. Sehr lang! Über Wochen und - in meinem Fall - Monate! Moderne Vampire haben einen sehr langen Atem.

Natürlich sucht man auch Halt bei Freunden. Vielleicht belastet man auch seine Familie damit. Aber es ist so unvorstellbar, so ungewöhnlich, dass es in der Erzählung oft übertrieben wirkt.

Und es fehlt Außenstehenden an Erfahrung damit. An Vergleichsmöglichkeiten. Vielleicht sogar an Vorstellungskraft, dass so ein Verhalten überhaupt möglich ist. Dass es dieses Verhalten, diese psychische und emotionale Misshandlung überhaupt gibt und sie einen Namen trägt: SILENT TREATMENT.

Sollte es daher überhaupt zu Gesprächen mit Außenstehenden kommen, nutzt der Narzisst diese gern wieder für seine eigenen Zwecke. Setzt eine weitere Manipulationsstrategie ein: TRIANGULATION, dass Wirken über Dritte.

FLYING MONKEYS

Im US-amerikanischen Raum weiß jedes Kind, was FLYING MONKEYS sind. Hierzulande nicht unbedingt. FLYING MONKEYS sind Kreaturen aus der Geschichte des Zauberer von OZ. Tatsächlich Affen mit Flügeln, die in dieser Geschichte immer wieder eine Rolle spielen. Durch einen Bann sind sie verpflichtet, jedem, der sie ruft 3 Wünsche zu erfüllen. Bedingungslos. Egal was. Ob gut, oder böse. Sie müssen gehorchen und die 3 Wünsche erfüllen. Dies gilt für Jeden, der im Besitz einer goldenen Kappe ist und weiß, wie man sie ruft. So lange es die goldene Kappe gibt, sind die geflügelten Affen nie frei. Immer verpflichtet zu gehorchen, keine Fragen zu stellen und bedingungslos die Wünsche zu erfüllen. Ihre Fähigkeiten werden benutzt und sie müssen zu Willen sein, ohne ihren eigen Willen und Selbstbestimmung leben zu dürfen. Die goldene Kappe mag dabei für Reichtum, Schönheit und Macht stehen. Die FLYING MONKEYS für unfreiwillige Verbündetet, Handlanger und verpflichtete Wunscherfüller.

Im Bezug auf toxische Beziehungen mit einem Narzissten erfüllen die FLYING MONKEYS genau das! Sie werden für die Zwecke, Absichten und Wünsche des Vampirs benutzt. Aber wie gelingt es im realen Leben FLYING MONKEYS zu schaffen? Erschreckend einfach!

Zum Einen reden wir hier von der außerordentlichen Fähigkeit von Narzissten zu manipulieren! Der Fähigkeit Menschen für sich zu gewinnen und sie so geschickt zu beeinflussen, dass sie den Interessen und Bedürfnissen des modernen Vampirs von Nutzen sind. Zum Anderen von der Tatsache, dass Menschen nun mal nicht perfekt sind. Und das macht angreifbar, wenn man es bewußt darauf anlegt. Außerdem rechnet natürlich kein normaler Mensch damit, strategisch benutzt zu werden. In den Fängen eines modernen Vampirs gelandet zu sein.

FLYING MONKEYS sind dazu da, mehr Einfluss auf das Leben des auserwählten Opfers zu haben. Dabei agieren sie in mehrfachen Funktionen. Je nach Bedarf! Entweder, um Unsicherheiten, ja gar Schaden zu verursachen. Oder, im Gegenteil, das auserwählte Opfer (wieder) für sich zu gewinnen.

Sie werden bewußt eingesetzt, um als kleine "Fledermäuse" des Vampirs zusätzlich dafür zu sorgen, das Opfer zu korrumpieren, zu verunsichern, zu diskreditieren, oder schlecht dastehen lassen.

Zweifel zu säen, Schlechtes zu verbreiten, den Ruf zu schädigen. Oder sie werden einfach als zusätzlich Informationsquelle, als Verbündete, als Spione eingesetzt, um bei Bedarf als Fürsprecher des Vampirs zu fungieren.

Hier sind der Fantasie , bzw. den Wünschen und Möglichkeiten des Narzissten keine Grenzen gesetzt.Was immer es sei - er findet Menschen, die er zur Verwirklichung seiner Absichten gezielt einsetzen kann.

Dies gilt vor Allem für Menschen aus dem direkten Umfeld ihres gewählten Opfers. Und natürlich wissen diese geschickt manipulierten Handlanger des Vampirs nicht, dass sic zu FLYING MONKEYS gemacht worden sind.

Wie also wird man zum FLYING MONKEY?

Leider stehen dem Narzissten da gleich mehrer Möglichkeiten zur Verfügung. Wie da wäre, dass Menschen eben nicht perfekt sind!

Menschen haben Schwächen, Fehler und Bedürfnisse. Und diese erspürt der moderne Vampir sofort.

Darin ist er Meister. Davon lebt er. Das kann er besonders gut.

Die geschickte Rekrutierung von FLYING MONKEYS, die Benutzung des Umfelds seines Opfers, um sie für seine Zwecke einzusetzen, beschreibt für mich am Besten die hohe Kunst der Manipulationsfähigkeit eines Narzissten. Die sich nicht nur auf das Opfer an sich, sondern eben auch auf Umfeld, Arbeit, Familie und Freundeskreis ausweitet.

Und es funktioniert! Denn gerade enge Freunde, oder gar Familie kommen ja gar nicht auf die Idee geschickt ausgehorcht, benutzt und für die Zwecke eines Anderen missbraucht zu werden.

Das macht die hohe Kunst der Manipulation aus! Ehrlich gesagt, finde ich es erschreckend, wie einfach es ist FLYING MONKEYS für sich zu gewinnen. Denn es gibt leider zu viele Ansatzpunkte bei einem menschlichen Wesen, die das ermöglichen. Deswegen betrifft dies eben leider und insbesondere Familie und den engsten Freundeskreis, denn gerade da wird der Narzisst als Erstes ansetzen. Es zeigt die größte Wirkung.

In langjährigen, intensiven, oder eben familiären Beziehungen, gibt es trotz aller Liebe und Verbundenheit Themen, Eigenschaften, Verhaltensweisen, die jemanden stören. Die immer schon ein Thema waren, oder die unterschwellig nie wirklich aufgearbeitet wurden.

Und hier setzt der Manipulator/Vampir/Narzisst an.

Jeder Mensch hat Eigenschaften. Ein Mensch besteht aus seinen Eigenschaften. Das macht ihn aus.

Der Eine tritt eher laut und einnehmend auf, der Andere eher leise und zurückhaltend. Der Eine sucht Abwechslung und Veränderung, der Andere liebt es, wenn Alles berechenbar bleibt.

Allein das kurze Psychogramm der BIG FIVE (OCEAN-Model) zeigt, wie unterschiedlich Menschen sein können. Selbst in einer grob vereinfachten Form.

Nehmen wir nun einen Menschen, der zu einer leichten Chaotik neigt. Deshalb gern mal den Überblick verliert, die Pünktlichkeit nicht für sich erfunden hat und es auch nicht so genau mit Struktur und Ordnung nimmt. Beschreibt für mich maximal einen bestimmten Typus Mensch. Sagt aber nichts über seinen Charakter, seinen Erfolg, seine Liebenswürdigkeit, oder andere Fähigkeiten aus. Es sind Eigenschaften, die bei diesem Menschen bekannt sind. Eigenschaften, die je im Auge des Betrachters ihre Wirkung haben.

Einige Menschen nehmen das genauso hin und stören sich nicht weiter daran. Hier findet ein Manipulator also keine Angriffsfläche.

Andere hingegen legen selbst großen Wert auf Pünktlichkeit, Ordnung und Struktur, weil es sie selbst ausmacht. Weil es ihnen wichtig ist. Weil sie das zur Orientierung brauchen. Weil sie diese Eigenschaften am Anderen immer schon ein wenig gestört haben. Weil sie sie nicht mögen. Und schon werden genau diese Menschen interessant für den modernen Vampir.

So funktioniert Manipulation: die Eigenschaften des Einen, werden gegen die des Anderen ausgespielt!

Wer in seinem Leben Ordnung, Struktur und Pünktlichkeit einen großen Wert beimisst, wird ebenfalls seinen Gründe dafür haben. Dies zeichnet diesen Menschen in seinen Eigenschaften aus. Auch das ist nicht zu bewerten und sagt wenig über seinen sonstigen Charakter aus. Aber es stellt - in diesem gewählten Fall - eben definitiv einen Nährboden für den Narzissten dar!

Hier wittert der moderne Vampir Blut - eine Nahrungsquelle! Ein neues Fledermäuslein (FLYING MONKEY) Er bohrt seinen Finger solang in eine kleine Wunde, bis sie anfängt zu bluten.

Bearbeitet ein bisher verschwindend geringes Thema solang, bis es zu einem Großen wird! Dazu gehört unbedingt, genau zu beobachten und genau zu zu hören. Aber nicht aus Interesse an dieser Person an sich, sondern nur unter dem Aspekt, die Schwächen, Frustrationen, Enttäuschungen, oder Unsicherheiten des Gegenübers zielsicher aufzuspüren.

Leider gibt es aber noch weitaus mehr Möglichkeiten FLYING MONKEYS für sich zu gewinnen. Zum Beispiel Macht!

Je wohlhabender, erfolgreicher, je höher der gesellschaftliche Status eines Narzissten ist, desto größer ist auch seine Macht über Andere. Und Narzissten sind immer erfolgsorientiert und somit nicht selten tatsächlich sehr erfolgreich, was Beruf, Status, oder Geld anbelangt. In scheinbarer Großzügigkeit "hilft" er Menschen hie und da: Im Job, mit Geld, mit Verbindungen und Ähnlichem. Nett von ihm, oder? In Wirklichkeit aber generiert er auch dabei potentielle FLYING MONKEYS.

Besonders fatal für das Opfer wird es, wenn der Vampir menschliche Makel wie, Missgunst, Neid, Eifersucht, oder ein Konkurrieren aufspürt. Hier bietet vor Allem der Arbeitsbereich des Opfers eine geeignete Angriffsfläche, macht aber leider auch nicht vor Freunden und Familie halt. Denn gerade im vertrauten Kreis des Opfers spielt der Narzisst gern seine Kunst der Manipulation aus.

Er setzt einfach auf Vertrauen und Zuneigung. Auf das Bedürfnis von Menschen zu helfen, nützlich zu sein und gebraucht zu werden. Mit Sätzen wie:" Ich mach mir Sorgen....", oder noch perfider:"Ich möchte nicht, dass ihr Euch Sorgen macht, aber...." zieht er Menschen, die dem Opfer wohl gesinnt sind in seinen Bann. Macht sie neugierig und appelliert dabei an deren Gefühle. Gern auch:"ich wollte darüber eigentlich nicht sprechen, aber....." oder ganz direkt:"Darf ich dich in's Vertrauen ziehen....?", oder:"Ich muß mal mit jemanden reden...." und schon fühlt sich der normale Mensch angesprochen und gebraucht.

Ohne zu ahnen gerade missbraucht und unbeabsichtigt zum FLYING MONKEY zu werden. Gemeint sind dabei immer vermeintliche Schwächen, oder scheinbare Probleme des Opfers. Natürlich sind diese oft frei erfunden, vor Allem aber haben nichts mit tatsächlicher Sorge, Wohlwollen oder gar Vertrauen zu tun. Vielmehr sind es Machtspielchen, die das Gegenüber nicht erkennt und schon gar nicht damit rechnet. Hier wird also bewußt mit der Zuneigung und Verbundenheit dieser Menschen zum Opfer gespielt. Gern auch als Präventivmaßnahme, bevor das eigentliche Opfer sich an seine Vertrauten wendet. So wird sicher gestellt, dass der Verbündete bereits informiert, bzw. infiltriert wurde. Bereits ein wenig "infiziert" wurde mit den toxischen Absichten des Vampirs.

Und schon ist er nicht mehr ganz frei und vor eingenommen, wenn das Opfer sich an sie wendet. Seine tatsächlichen Sorgen und Nöten in diesem Bereich formuliert und seinerseits Hilfe sucht.

Leider schmeichelt es jedem Menschen in's "Vertrauen" gezogen zu werden. Leider ist der Mensch hilfsbereit und nett. Und natürlich macht man sich so seine Gedanken und Sorgen, wenn es dem Betreffenden nicht gut geht. Wenn er Probleme in der Beziehung, im Job, oder mit seinem Leben hat. Und kein Mensch kommt dabei auf die Idee, Teil einer narzisstischen Strategie zu sein.

Teil des Problems zu werden, weil er dem unerkannten Vampir blind vertraut und ihm damit in die Karten spielt. Und es zeigt, wie perfide und weit gefächert der Einfluß eines modernen Vampirs ist. Wie geschickt der Narzisst mit den Gefühlen anderer Menschen spielt. Wie schnell er kleine "Fledermäuslein" (FLYING MONKEYS) erschaffen und für sich nutzen kann. Manipulation und Lügen sind die Basis.

Diese typische RED FLAG von Narzissten basiert auf der psychologischen Strategie der TRIANGULATION. Das Wirken über Dritte.Die Benutzung Dritter, um im Hintergrund seine Fäden zu ziehen. Das Verfolgung eigener Ziele, die über Dritte formuliert werden. Das Ausspielen von Trümpfen in Form anderer Menschen, die geschickt benutzt und manipuliert werden.

Wie kann man sich davor schützen? Gar nicht.

Es sei denn man weiß um NPS. Weiß um die Existenz moderner Vampire. Kennt diese typische Verhaltensweise und kann diese RED FLAG erkennen. Oder anders ausgedrückt:

Nur wer reinen Gewissens ist, aufrecht und wahrhaft liebt, ist immun gegen die Manipulationsversuche eines Narzissten.

Dieser Satz könnte aus einem Märchen stammen ....so wie die FLYING MONKEYS es tun. Und doch gibt es sie im realen Leben.

Jeder normale Mensch würde sich im Falle einer Krise, Beziehungsproblemen, oder Unzufriedenheiten an seine, oder besser noch an die Freunde, Familie des Partners wenden. Das funktioniert aber nicht in einer toxischen Beziehung mit einem Narzissten.

Und zwar gleich aus mehrere Gründen:

Ein echter Narzisst hat keine wirklichen Freunde. Schon gar nicht langjährige, intensive Beziehungen mit anderen Menschen. Ein echter Narzisst ist gar nicht an tiefer gehender Bindung interessiert.

Seine eigenen Familie und Bekanntschaften, stehen meist ebenfalls in seinem Bann! Im Bann einer tollen, großartigen Person, die sie entweder aus familiären Gründen, oder durch „Freundschaftsdienste" schätzen gelernt haben. So hat beispielsweise die scheinbare Großzügigkeit meines Vampirs immer großen Eindruck geschindet. Scheinbar, weil dahinter ja keinesfalls ein selbstloser Philanthrop steckte, sonder geschickte Manipulation. Geld, Macht und Einfluß hatte er ja genug. Aus diesem Bannkreis kommt natürlich nie eine Warnung. Keiner, der sagen würde :"Obacht! Du weißt, dass dieser Mensch ein moderner Vampir ist, oder?" Schon gar nicht in der eigenen Vampirfamilie.

Und die Familie oder der Freundeskreis des Opfers sind ja nur in Hinsicht auf deren Nutzen interessant. Da wird Vertrauen, Interesse und Verbundenheit vorgegaukelt, die nicht echt ist. Gar nicht existiert. Nie existiert hat!

Und auch da kommt keiner auf die Idee es mit einem psychisch gestörten Menschen zu tun zu haben. Immerhin ja auch der frei gewählte Lebenspartner des Opfers. Daher erwähne ich gerne nochmals, das in all den Jahren, mit all den Problemen, die ich so mit meinem Vampir hatte, nicht einmal das Wort NPS fiel. War einfach nicht bekannt.

Dem Vampir geht es immer um Macht, Besitz, Kontrolle. Der Befriedigung seiner eigenen Bedürfnisse. Bei jedem Menschen.

Und seine hohe Kunst der Manipulation befriedigt ihn zutiefst. Bedeutet einen weiteren Erfolg für ihn. Er kann gar nicht anders! Das gehört zu seinen vampirischen Eigenschaften und Fähigkeiten.

Er ist kein normaler Mensch, sondern teilt sich sein Dasein mit einer psychischen Störung! Deshalb missbraucht er Menschen und erschafft sich FLYING MONKEYS!

HOOVERING

Das Wort bedeutet im Englischen saugen, aufsaugen.(Tatsächlich auch Staubsaugen)
Man könnte diese vampirische Verhaltensweise auch durchaus Stalking oder Aussaugen nennen, denn genauso fühlt es sich aus meiner Erfahrung an.
Das HOOVERING ist eine Steigerung des LOVEBOMBING und wird immer dann eingesetzt, wenn der Narzisst Gefahr läuft sein Opfer zu verlieren. Also vor Allem nach einer Kappung der Verbindung zu seiner Energiequelle und genau das geschieht bei einer Trennung, bei einer Distanzierung von der Beziehung mit einem Vampir.
Jeder gesunde Mensch wird irgendwann merken, dass die Beziehung mit einem modernen Vampir schwierig ist. Dazu muss er nicht mal wissen, so wie ich, dass er es mit einem Seelenvampir zu tun hat. Irgendwann wird jeder mit den typischen Verhaltensweisen eines Narzissten konfrontiert. Und das ist anstrengend. Raubt Einem die Lebensenergie und Unbeschwertheit.
In meinem Fall war es vor Allem die Lieblosigkeit, die fehlenden Nähe und echte Verbundenheit, die mich zu diesem Schritt bewog.
Man fühlt sich ausgelaugt, um nicht zu sagen ausgesaugt und stellt sich die vernünftige Frage, ob das Alles so richtig ist.
So auch ich. Und so habe ich meinen Vampir nach 3 Jahren Ehe verlassen. Zwar unter großen Protesten, aber zunächst wurde ich nur abgestraft.
Als Erstes erhielt ich einen wütenden, recht kurzen Brief, der tatsächlich mit den Worten endete: "Einen Vampir verläßt man nicht!" Rot unterstrichen. (Natürlich stand da nicht Vampir, sondern sein Name. Sein voller Name mit Titel!)
Anstatt also mit mir vernünftig zu reden und Probleme bei Zeiten zu lösen, trieb er mich in eine Trennung, um mir dann so einen Brief zu schreiben. Wer tut so was? Narzissten!
Als nächstes erfuhr ich, dass bereits ein neues Opfer am Start war, keine 3 Wochen nach meinem Auszug! Sofort ausgetauscht. Neues Spiel.
Leider ging dieser Zug, diese vampirische Taktik, für ihn total nach hinten los, denn ich bin kein sonderlich eifersüchtiger Mensch. Anstatt also um ihn zu kämpfen, wie er wohl hoffte, zog ich mich endgültig zurück und verweigerte jeden Kontakt zu ihm. Denn natürlich war ich verletzt, litt unter der selbst gewählten Trennung.

War bestürzt und zutiefst getroffen von der Tatsache einfach ausgetauscht worden zu sein, anstatt um mich und diese Ehe zu kämpfen. Denn diese Trennung war eine Notwendigkeit, eine Konsequenz, die aus allen Fehlversuchen einer vernünftigen Kommunikation der letzten 3 Jahre resultierte. Ein Warnschuss. Doch anstatt die Chance zu nutzen noch einmal in sich zu gehen und zu erspüren, ob diese Beziehung tatsächlich keine Zukunft mehr hat, wurde ich einfach durch gewechselt.

Einfach ausgetauscht. Als ob die 5 Jahre, die wir uns kannten keine Bedeutung mehr hätten. Das tut weh! Also entzog ich mich ihm endgültig.

Doch keinen Zugriff mehr auf mich zu haben spornte ihn an. Mit Rückzug hatte er nicht gerechnet und schon war sein Jagdtrieb wieder geweckt und er bemühte sich über die Maßen um mich.

Nach der Trennung. Nach dem Auszug. Nachdem ich jeden Kontakt zu ihm eingestellt hatte und er bereits Ersatz für mich gefunden hatte. Das muss man auch erstmal verstehen. Denn noch immer wußte ich natürlich nicht, mit wem ich es da eigentlich wirklich zu tun hatte. Wußte nicht, dass auch dieses Verhalten typisch für NPS ist.

Tatsächlich hielt ich ihn fast 2 Jahre auf bewußten Abstand, vor Allem emotional. Ließ aber irgendwann den Kontakt wieder zu und hatte nach einem Jahr so etwas, wie ein Verhältnis mit meinem eigen Ehemann.

Vor Allem aber erholte mich blendend von der lieblosen, anstrengenden Zeit mit meinem Vampir. Sah ihn nur ab und an und blühte förmlich auf, was auch Anderen nicht verborgen blieb.

Bis....tja, bis ich mich in einen neuen Mann verliebten. Einen normal Sterblichen. 2 Jahren nach meinem Auszug. Doch dann passierte etwas, womit keiner gerechnet hatte, ich am Wenigsten.

Das HOOVERING setzte ein. Frei nach dem Motto: wenn ich Dich nicht haben kann, soll Dich auch kein Anderer haben!

Mein Vampir drehte plötzlich durch und ließ mir keine Luft mehr zum Atmen. Dieser große, souveräne eher distanzierte Mann, lag plötzlich heulend vor den Türen meiner Freunde und erklärte jedem, er könne ohne mich nicht mehr leben.

Wie Narziss an seiner Quelle hörte er auf zu essen, zu trinken, nahm innerhalb kürzester Zeit 15 KG ab und stellte auch seine Arbeit ein.

Ich will meine Frau zurück, ohne sie ist mein Leben sinnlos. Das berührt und Alle waren verzückt von soviel Liebe zu mir.

Alle? Nun ich blieb durchaus verhalten und war vor Allem extrem irritiert. Was sollte das nach 7 Jahren? Nach 3 Jahren Ehe und bereits 2 Jahren Trennung? Woher der plötzliche Sinneswandel? Ich blieb skeptisch, vor Allem aber war ich verliebt in einen anderen Mann. Doch nicht mal das gönnte er mir. Natürlich nicht! Meine Chance auf einen echten Neuanfang, meine Chance auf ein neues Glück. Eine neue Liebe. Er wollte mich ja nicht! Und jetzt sowas. Ich war verwirrt, zornig, zweifelnd und verunsichert.

Ich sagte eingangs, dass HOOVERING eine Steigerung des LOVEBOMBING ist. Während es beim LOVEBOMBING um die Eroberung eines neuen Opfers geht, dient das HOOVERING der Zurückgewinnung. Auf der eine Seite ist das schwieriger, weil die Alles verblendende Verliebtheit wegfällt.

Auf der anderen Seite leichter, weil der Vampir sein Opfer bereits besser kennt und nun gezielt Trümpfe ausspielen kann, die ihm LOVEBOMBING noch nicht zur Verfügung standen.

Hat einen das LOVEBOMBING überwältigt, so raubt einem das HOOVERING den Atem. Im wahrsten Sinne des Wortes: man kann kaum noch Luft holen, so engmaschig spannt der Vampir das Netz um einen. Plötzlich ist er überall. Omnipräsent.

Von allen Seiten hört man, wie schlecht es ihm ginge und wie sehr er einen liebe. Überall findet man Zettel, Briefe, Geschenke, Mitteilungen und Liebesbezeugungen. Wieder wird man zugeschüttet mit Liebesbeteuerungen, Versprechen und Zukunftsplänen. Werden Gefühle, Liebe und Hoffnungen abgerufen und als Strategie eingesetzt.

Leere Versprechen und eine gefakte Zukunft. In der Tat gibt es für diese typische Verhaltensweise den Begriff FUTURE FAKING. Also eine unechte, nicht ehrliche, komplett geschönte Aussicht auf eine gemeinsame Zukunft. Ohne echten Inhalt. Auch im HOOVERING kann man irgendwann nicht mehr klar denken.

Eine Grundstrategie des modernen Vampirs. Denn auch im LOVEBOMBING, GASLIGHTING, oder im SILENT TREATMENT, wird man seines Verstandes beraubt. Wird einem der Zugang zur Vernunft versperrt. Sind Gedanken und Gefühle manipuliert. Es fehlt Einem irgendwie die Orientierung, weil man sich eben nicht an normal menschlichen Verhalten orientieren kann.

Man hat kaum noch eine Chance sich All dem zu entziehen. Keine Zeit, sich überhaupt mal in Ruhe mit dieser Situation auseinander zu setzten und bekommt noch Druck vom Umfeld, dass der Vampir geschickt belagert und mit einbezieht.

Zwar nahm ich mir die Zeit, entzog mich immer wieder geschickt seinem Zugriff, aber nach einem halben Jahr knickte ich dann doch ein. Zumal meine neue Liebesbeziehung stark belastet war, von der Omnipräsenz meines Vampirs.

Mein Bauch riet mir nach wie vor zur Vorsicht und es blieb eine gesunde Skepsis, aber ich musste dieser belastenden Situation irgendwann ein Ende setzten, denn es raubte mir die Luft zum atmen.

Das Zünglein an der Waage sollte ein Satz meines alten Jugendfreundes werden. Bezogen auf ein Gespräch, dass wir über ein Jahrzehnt früher geführt hatten sagte er zu mir: "Du weißt, ich habe den Quatsch mit dem Drachentöter nie verstanden, das tue ich aber jetzt. Hier liegen mindestens drei Drachenhäute vor Dir. Was zögerst Du noch?" Tja, was zögerte ich?

Es waren seine FLYING MONKEYS, seine überzeugende TRIANGULATION die mich Schluss endlich zu Fall brachten und mich einknicken ließen. Zwar formulierte ich immer wieder zu meiner "Verteidigung": Wenn er hat, was will, geht Alles wieder von vorn los. Ich trau dem Frieden nicht. Aber damit blieb ich allein.

Wie gesagt, NPS war nicht bekannt und niemand kam überhaupt auf die Idee, dass auch dieses Verhalten eine typische RED FLAG in toxischen Beziehungen mit Narzissten darstellt.

Ich erwähne das fehlende Wissen an dieser Stelle nochmals, um deutlich zu machen, wie wichtig es ist!

Hätte damals, spätestens zu diesem Zeitpunkt, irgendwer auf die die Existenz von NPS hingewiesen, hätte ich gute Chancen gehabt den Fängen meines Vampirs endgültig zu entkommen.

Hätte damals irgend jemand gewußt, dass es NPS gibt, bzw. dass wir es bei diesem Liebestrunkenen Mann mit einem modernen Vampir zu tun hatten, wäre meine Entscheidung sicherlich anders ausgefallen.

Hätte irgend jemand erkannt, was hinter diesen überwältigenden Bemühungen wirklich steckte, wär mir viel Leid erspart geblieben.

Vielleicht hätte sogar gereicht, mich in meinen - berechtigten - Zweifeln zu unterstützen.

Wäre das Thema damals bekannter gewesen, hätte ich mich wahrscheinlich rechtzeitig in Sicherheit bringen können.

Hätte auch nur ein Mensch diese typische RED FLAG HOOVERING als solcher erkannt und benannt, hätte die Geschichte vermutlich eine andere Wendung genommen.

So aber blieb nur wieder ein ungutes Bauchgefühl, dass sich ab und an meldete, aber sowohl von meinem Kopf, als auch von der Umwelt zum verstummen verurteilt wurde.

Natürlich hat mich dazu keiner „gezwungen". Es war meine „freie" Entscheidung... und doch, schien ich damals gar keine andere Wahl zu haben, als meinem immer noch Ehemann eine neue Chance zu geben. Niemand teilte meinen berechtigten Zweifel. Mein ungutes Bauchgefühl. Doch damals sagte ich mir:"Was soll denn schon passieren? Kannst ja jeder Zeit wieder gehen, wenn's nicht funktioniert" Schade. Dumm gelaufen.

Denn ich ging ja von einem normalen Menschen aus. Von normaler Beziehungsarbeit. Von normalen Umständen.

Wußte nicht, mit WEM ich mich da tatsächlich wieder einlassen würde und was er kann.

EMPATHIE, RESILIENZ, MENTALISIERUNG

Ich erwähnte bereits, dass es neben den typischen RED FLAGS, die jeden modernen Vampir auszeichnen, auch typische Eigenschaften gibt, die sie auszeichnen.
In diesem Kapitel möchte ich auf 3 Dieser Eigenschaften näher eingehen.menschliche Fähigkeiten, die snarzissten gar nicht, oder nur sehr schlecht beherrschen. Schaut man sich diese mal genauer an, ergibt sich daraus Vieles, was das Verhalten von Menschen mit NPS bestimmt und damit auch erklärt.

- Mangel an EMPATHIE
- schwache RESILIENZ
- schlechte MENTALISIERUNGSFÄHIGKEIT

EMPATHIE
bezeichnet die Bereitschaft und die soziale Fähigkeit sich in andere Menschen emotional hinein versetzen zu können und auch zu wollen. Das Vermögen Gefühle und Empfindungen Anderer nach zu vollziehen, nach zu empfinden und damit verstehen zu können. Bestenfalls sogar frei von eigenen, persönlichen Empfindungen und Emotionen in der gegebenen Situation.
D.h. ein empathischer Mensch begreift und versteht die Gemütslage, Gefühle und das emotionale Empfinden seines Gegenübers und kann es nachempfinden, ohne dabei unbedingt selbst Erfahrungen in diesen Bereichen zu haben. Dafür muss er natürlich über die gesamte Palette dieser Empfindungen verfügen, um sie überhaupt erkennen und nachempfinden zu können.
Wir sprechen also von einem ausgeprägten Einfühlungsvermögen in andere Lebewesen. Man kann daher auch ein empathisches "Verstehen" und Begreifen gegenüber Tieren haben.
EMPATHIE wird oft mit starkem Mitgefühl, oder Mitleid gleichgesetzt, streng genommen ist das aber nicht richtig. Sie umfasst all dies sicherlich, steht in der Definition aber für sich.
Mitgefühl ist eine Anteilnahme am Leben, oder Schicksal Anderer, basierend auf dem Wunsch zu helfen und sich zu kümmern. Man fühlt also mit und versucht prosozial zu unterstützen.
Mitleid geht noch einen Schritt weiter als das Mitgefühl: Man leidet mit, ist persönlich betroffen.
Im Englischen heißt dies nicht umsonst "Sympathy".
Dies ist zwar keineswegs gleich zu setzten mit unserem Begriff der Sympathie, beschreibt aber noch deutlicher, wie wichtig die

ernstgemeinte Verbindung und Haltung dem Gegenüber ist, denn Sympathie bedeutet immer eine gefühlsmäßige Zuneigung und positive Affinität gegenüber Anderer.

Ich kann nur mitfühlen und mitleiden, wenn mir die Person, oder das Wesen, wichtig ist. Neben mir, gibt es noch andere Lebewesen, die mich berühren und Bedeutung für mich haben. Und mitleiden bedeutet, dass ich die Gefühle, Probleme und das Leid zum Teil meiner eigenen Person mache. Ich fühle nicht nur mit, ich leide mit. Echte Anteilnahme.

Damit gehört die Fähigkeit mitfühlen und das Leid anderer Menschen wahrnehmen zu können, zwar durchaus zur EMPATHIE dazu, unterscheidet sich jedoch im Punkt der Handlungsbereitschaft. Gerade stark empathische Menschen müssen, oder können, oft nicht unbedingt helfen, weil sie sich sonst selbst verlieren. Weil sie den Schmerz, das Leid des Anderen zwar überdurchschnittlich stark empfinden, es aber oft nicht ändern können. Eine Abgrenzung zu ihrer hohen EMPATHIE Fähigkeit, um sich selbst zu schützen und die Klarheit zu bewahren.

Hört sich widersprüchlich an, ist es aber nicht. Sondern definiert EMPATHIE in ihrer reinsten Form. Und unterscheidet sie damit von reinem Mitgefühl, oder Mitleid, was allesamt positive, soziale Fähigkeiten sind. EMPATHIE beschreibt also die Fähigkeit ein anderes Lebewesen in vollem Umfang seiner emotionalen Individualität erkennen und begreifen zu können.

Das Subjekt in seinen Bedürfnissen und Empfindungen zu sehen, anzunehmen und zu verstehen. In diesem Zusammenhang wir auch oft von EMOTIONALER INTELLIGENZ gesprochen.

Und genau dies fällt Menschen mit NPS schwer. Denn das Subjekt, ist all zu oft ein Objekt!

Nicht nur Narzissten haben eine Störung in diesem sozialen Bereich. Auch bei anderen psychischer Störungen zeigt sich häufig ein starker Mangel an EMPATHIE. Der emotionalen Fähigkeit und Bereitschaft seine soziale Umwelt in ihren emotionalen Bedürfnissen zu erkennen, erfassen und nachvollziehen zu können.

Dazu gehören:

- Borderliner (Borderline Persönlichkeitsstörung)
- Soziopathen (dissoziale Persönlichkeitsstörung)
- Psychopathen (antisoziale Persönlichkeitsstörung)

Autisten haben ebenfalls gerade in diesem Bereich große Schwierigkeiten. Man spricht aber nur dann von einer autistischen Persönlichkeitstörung, wenn dadurch auch soziales Leid verursacht wird, was auf die wenigsten Autisten zutrifft. Die meisten Autisten haben lediglich Schwierigkeiten Gefühle richtig deuten oder zuordnen zu können und sind daher oft unbeholfen in sozialen Interaktionen. Ohne dabei jedoch Schaden zu zufügen, oder zu verursachen.

Das gilt zum Teil auch für Soziopathen. Sie sind merkwürdig, sehr eigenartig, schwierig im sozialen Umgang, müssen aber nicht zwangsläufig Schaden damit anrichten und ihrem sozialen Umfeld Leid zu fügen.

Narzissten hingegen fügen ihrem sozialen Umfeld mit ihrem Verhalten sehr wohl Schaden zu. Der Mangel an EMPATHIE löst nicht nur viel Leid und Schmerz bei den Opfern aus, es wird vom Narzissten auch gar nicht wahrgenommen, oder im üblichen Sinne darauf reagiert.

Wer nicht weiß, dass er es mit einem modernen Vampir, einem psychisch gestörten Menschen zu tun hat, fühlt sich gerade in emotionalen Situationen sehr oft verletzt, zurück gewiesen und missverstanden. Versteht nicht, warum er so lieblos, gefühlskalt und distanziert behandelt wird.

Der normale Mensch hat keine Erfahrung mit so einem Umgang und kann es daher auch nicht nach vollziehen. Jedes Kind kennt den Spruch:"Was ich nicht will, dass man mir tu, das füg ich auch keinem Anderen zu" Fehlanzeige beim Narzissten.

Für den modernen Vampir, immer das Meiste, das Beste, Alles. Der Rest ist egal. Nur wenn es ihn in seinen Bedürfnissen und Zielen weiterbringt, kann er auf die Wünsche und Bedürfnisse Anderer eingehen. Kurzfristig. Zielorientiert. Aus Eigeninteresse.

Niemals aus Interesse an einer anderen Person und wenn das sein Lebens-/Ehepartner ist. Man spricht hier auch von KALTER EMPATHIE.

Der Fähigkeit Gefühle erkennen zu können, ohne davon beeinflußt zu werde. Mit Gefühlen anderer zu spielen, ohne Mitgefühl. Gefühle anderer zu benutzen und zu manipulieren, ohne eine echte gefühlsmäßige Verbindung. Erkennen ja, nachempfinden, oder gar mitfühlen nein. Die Fähigkeit sich in Andere wirklich einfühlen, vor Allem mitfühlen zu können, besitzt er nicht. Deswegen zeigen Narzissten auch weder Reue, noch Schuldgefühle, oder gar ein schlechtes Gewissen.

Warum auch? Wer nicht weiß, wie sich echte EMPATHIE anfühlt, versteht auch nicht, warum sich jemand Anders verletzt fühlt. Damit trägt er auch keine Schuld. Und Narzissten sind Wiederholungstäter.

Sie lernen ja nicht aus Fehlern, weil sie keine machen!Aus ihrer Sicht der Dinge. Also wird man auch wieder und wieder verletzt, beleidigt und gedemütigt. Und natürlich ist sich der Narzisst dabei weiterhin keiner Schuld bewusst. Es verändert sich also nichts. Niemals.

Wem Mitleid, Mitgefühl, oder eben empathisches Denken und Fühlen fremd ist, kann nicht verstehen, welches Leid er durch sein Handeln auslösen kann. Diese Wahrnehmungsfähigkeit bleibt einem echten Narzissten verschlossen. Er kann es nicht! Er versteht es nicht! Er fühlt es nicht!

Er selbst kann zwar hervorragend leiden, sich verletzt fühlen und bemitleiden, doch das gilt nur für ihn. Dass andere Menschen ähnliche Gefühle haben können, ist ihm nicht nur egal, er sieht es einfach nicht. Es interessiert ihn nicht, weil er dazu gar nicht in der Lage ist. Seine psychische Störung läßt dies nicht zu. Schützt ihn vor den Emotionen anderer, die er als Nahrungsquelle braucht.

Gerade im Bereich der EMPATHIE ist er auf die EMOTIONALE INTELLIGENZ seiner Opfers angewiesen.

Hat man das begriffen, muss man sich daher die berechtigte Frage stellen: Kann ich einen Menschen für etwas verurteilen, was er gar nicht kennt? Was ihm in keinster Form bewußt, ja eben nicht mal bekannt ist?

In all den Jahren des Leids, bleibt dies für mich immer noch eine interessante Frage. Was nicht bedeutet, dass ich es gutheiß, oder Willens bin es weiter hin zu nehmen und zu ertragen!

RESILIENZ

Dieser Begriff gewinnt zunehmend Bedeutung in unserer Gesellschaft. Nicht nur bei Einstellungstests (Big 5), Jobprofilen und bestimmten Arbeitsbereichen, spielt die RESILIENZ eines Menschen zunehmend eine Rolle, sondern auch in der Psychotherapie und diversen Seminaren zum Thema RESILIENZ und deren Stärkung.

Denn darum geht es einfach und grob gesprochen bei RESILIENZ: psychische Gesundheit!

RESILIENZ bezeichnet die psychische Widerstands- und Belastungsfähigkeit eines Menschen.

Latein: Resiliere = Abprallen

Englisch: Resilience = Unverwüstlich

Tatsächlich wird dieser Begriff vor Allem und schon immer in der Technologie verwandt. Bei Testverfahren wird geprüft, wie ein

Produkt auf Druck, Belastung und ungewöhnliche Einflüsse reagiert. Auf eine Person bezogen geht es um Ähnliches und bestimmt entweder eine hohe, oder niedrige RESILIENZ gegenüber Außeneinwirkungen.

Es geht also um den individuellen, psychischen Umgang mit Druck, Stress, Krisen, starken Anforderungen, Belastungen, oder auch Schicksalsschlägen. Und die Reaktionen darauf. Anders ausgedrückt, wie labil, oder stabil ist dieser Mensch psychisch aufgestellt. Wie hoch ist seine Widerstandskraft gegenüber Umwelteinflüssen, bzw. Lebenskrisen.

Menschen mit einer hohen RESIDENZ erholen sich deutlich schneller und leichter von Lebenskrisen, Schicksalsschlägen, oder großer, dauerhafter Belastung, als Menschen mit einer niedrigen. Selbst bei schweren traumatischen Erlebnissen, entwickeln keinesfalls alle Menschen eine PTBS, oder andere Störungen. Menschen mit einer geringen RESILIENZ hingegen sehr häufig.

Ja mehr noch, sie empfinden Krisen, oder Belastungen viel schneller als traumatische Erfahrung, als Menschen mit einer gesunden psychischen Stärke. Also einer gesunden, oder hohen RESILIENZ.

Dazu gehört unbedingt auch die Fähigkeit Frust, Ablehnung, Misserfolg, oder starke Emotionen ertragen und damit umgehen zu können. Und da schneidet der Narzisst ganz schlecht ab! Seine RESILIENZ ist extrem niedrig!

Warum? Nun gleich aus mehreren Gründen:

Erstens verfügen Narzissten über ein sehr schwaches Selbstwertgefühl, dieses muß immer wieder von Anderen aufgebaut werden. Damit ist er auf die permanente Anerkennung und Emotionen Anderer angewiesen. Keine gute Voraussetzung für eine gesunde und stabile Psyche.

Zweitens können sie schlecht, bis gar nicht mit Misserfolgen, Kritik oder Ablehnung umgehen. Schon gar nicht, wenn sie drohen die Kontrolle über eine Situation, ein Ziel, eine Aufgabe, oder eine Person zu verlieren.

Drittens besitzen sie gar kein gewachsenes, stabiles Ich. Das ist ja Alles nur Fake. Hinter der schillernden Rüstung lauert ja nichts anderes als ein kleines verletztes Kind. Und das macht angreifbar.

Soviel zur psychischen Gesundheit des modernen Vampirs!

Aber ich gehe noch einen Schritt weiter: die fehlende, oder mangelhafte RESILIENZ hat ihn ja oft erst zu dem gemacht was er ist. Die psychische Störung, ist ja eine Reaktion auf ein traumatisches Erlebnis.

Dieses, oder ein ähnliches Trauma haben viele andere Menschen, in diesem Fall Kinder, auch erlebt, ohne eine Störung zu entwickeln. Geschwister aus dem selben Haushalt entwickeln sich vollkommen normal und haben das Verhalten ihrer Eltern nie als traumatisch empfunden. Vielleicht sind sie tatsächlich anders behandelt worden, weil sie anders waren. Vielleicht aber hat die eine kleine verletzliche Kinderseele ein Trauma aus etwas gemacht, was in seiner subjektiven Wahrnehmung übertrieben stark empfunden wurde. Dieses eine Kind hat eine Ablehnung, Vernachlässigung, oder den Mangel an Zuwendung als hoch traumatisch erlebt, ohne, dass dies unbedingt beabsichtigt, oder den Eltern überhaupt bewußt war.

Nur konnte diese eine Kinderseele mit fehlender RESILIENZ nicht damit umgehen und hat dadurch eine NPS entwickelt. Sicherlich liegen oft tatsächlich traumatisch Erlebnisse zu Grunde, wie fehlende Zuneigung, Vernachlässigung, oder gar Missbrauch. Das möchte ich keinesfalls schmälern. Aber hier geht es um RESILIENZ.

MENTALISIERUNG

Der geistige Zwillingsbruder der EMPATHIE. Die Fähigkeit das Gegenüber in seiner Gedankenwelt und seinen Bedürfnissen zu erfassen. Seine Einstellung, geistige Haltung und mentalen Antrieb zu verstehen. Das Vorstellungsvermögen zu besitzen, einen anderen Menschen geistig, gedanklich, mental erfassen zu können. Ähnlich wie bei der EMPATHIE ist die Grundvoraussetzung dafür nicht die Übereinstimmung.

Ein guter Mentalist muß die Einstellung des Gegenübers nicht teilen können. Sie sehr wohl aber erkennen und zulassen können. Muß Gedanken, eine Haltung, eine Überzeugung nicht seine Eigene nennen müssen, sich aber hineinversetzten, sie erkennen und begreifen können. Ein guter Mentalist muss also über ein komplexes Wissen und vielen Erfahrung im Bereich des „Denkens" verfügen, um in die Gedankenwelt Andere abtauchen und sie nachvollziehen zu können.

Kleine Kinder können dies noch nicht. Es ist eine Fähigkeit, die erst ab einem bestimmten Alter gelernt wird.

Unterhalb dieses Alters gehen Kinder immer von sich selbst aus. Die Welt dreht sich noch komplett um sie selbst. Und dies gilt vor Allem für die Wahrnehmung ihrer Umwelt. Sie können noch nicht reflektieren. Unterscheiden noch nicht zwischen sich und dem Rest der Welt. Ihren Bedürfnissen und denen anderer Menschen.

Beispiel: Wenn ein kleines Kind jemanden eine Freude machen will und die Wahl zwischen einem Lolly und einer Tüte Chips hat, wird es sich vermutlich immer für den Lolly entscheiden. Selbst wenn es noch nie einen Erwachsenen mit einem Lolly im Mund gesehen hat, sie aber häufig beim Chips essen beobachtet hat. Es schließt also immer von sich selbst auf Andere.

Das was mir Freude bereitet und gefällt, gilt auch für mein Gegenüber. Das Kind kann sich nicht vorstellen, dass es Anders sein könnte. In diesem Punkt ist der Narzisst tatsächlich auf dem Stand eines kleinen Kindes. Die Welt dreht sich um ihn und die Befriedigung seiner Bedürfnisse. Und Reflexion gehört ja ohnehin nicht zu seinen Stärken. Auf der einen Seite!

Auf der anderen Seite reden wir ja von einem erwachsenen Menschen, der durchaus in der Lage ist, sein Umfeld für seine Zwecke auszunutzen und geschickt zu manipulieren. Und dazu bedarf es sehr wohl der Fähigkeit, sein Gegenüber mental analysieren zu können.

Was bereitet ihm Freude, was verletzt ihn. Was wünscht er sich und was mag er nicht. Wo sind seine Stärken und wo die Schwächen. Das Alles erkennt der geschickte Manipulator sofort.

Ein Widerspruch? Nicht unbedingt.

Ein guter Mentalist erkennt die Zusammenhänge, die Auswirkungen und Gesamtheit der Gedankenwelt eines Anderen. Er kann sich soweit in eine Person hinein versetzen, dass er sogar voraussagen kann, wie diese sich in ähnlichen, anderen, oder der nächsten Situation verhalten wird. Das kann der Narzisst nicht!

Warum? Weil er in diesem Bereich auf dem Stand eines kleinen Kindes ist. Und dieses geht immer nur von seiner Bedürfnisbefriedigung aus.

Er kann nicht weiterdenken und sich einfühlen. Er erkennt sein Gegenüber nicht als eigenständiges Individuum in seiner ganzen Fülle. Er handelt aus purem Eigeninteresse. Nicht aus tatsächlichem Interesse an seinem Gegenüber.

Hier könnte man also ebenfalls von "kalter Mentalisierung" sprechen, ähnlich der KALTEN EMPATHIE.

Voraussetzung für eine gute Mentalisierung ist auch die Fähigkeit, sich und seine Gedanken, von der des Gegenübers trennen zu können, um besser zu erkennen. Da sich beim Narzissten aber Alles um sich selbst dreht, fehlt ihnen diese nachhaltige Fähigkeit.

Um den Unterschied noch besser zu verdeutlichen, möchte ich ein Beispiel geben: Mein Vampir konnte außergewöhnlich gute

Geschenke machen. Diese kamen keinesfalls von Herzen - wie ich immer dachte - aber sie war äußerst erlesen und ausgesucht. Niemand hat mich mit Geschenken jemals so beeindruckt, wie mein Vampir. Und zwar in allen Bereichen! Wert, Ausgefallenheit, Geschmack, Überraschung, Idee, Präsentation, Einfallsreichtum, Zeitpunkt.... Dafür muss man sehr genau hinhören, beobachten, wahrnehmen und sich Gedanken machen. Also eine gute MENTALISIERUNG besitzen. Und jeder kennt Menschen, die es zwar ehrlich und aufrichtig meinen, aber einfach nicht gut schenken können. Falsche Farbe, falscher Stil, falsche Größe, schlecht beobachtet. Doch verfolgen diese Menschen kein bestimmtes Ziel damit, sondern sind bestenfalls als gedankenlos und nicht sehr einfallsreich zu bezeichnen. Der Zweck dieses Geschenks ist dennoch gegeben und erfüllt. Nicht so beim Narzissten.

Der Zweck ist nicht einfach das Geschenk, oder das Bedürfnis Anderen eine Freude zu machen. Sieht zwar so aus, ist es aber nicht. Das Bedürfnis Anderer interessiert nur im Zusammenhang mit seinen Bedürfnissen. Das Ziel dahinter ist ein Anderes: Manipulation! Und daher besonders oft im LOVEBOMBING und HOOVERING eingesetzt. Eine Ziel gerichtete, Zweck gebundene, egoistische MENTALISIERUNG.

Jenseits der tatsächlichen Bedeutung eines Geschenks von Herzen. Jenseits der wahren, tatsächlichen Bedeutung einer Fähigkeit gut zu mentalisieren. Mit diese Fähigkeit will man keinen Schaden anrichten und sie für seine Zwecke benutzen. Es ist eine Gabe, die man hat und wohlwollend, prosozial einsetzt. Nicht zur niederen, eigenen Zwecken der Be- und Ausnutzung seines Gegenübers.

Diese 3 Begriffe spielen aber auch für die Opfer von Narzissten eine nicht unerhebliche Rolle, wobei die MENTALISIERUNG keinen großen Raum einnimmt. Denn die geistige Fähigkeit, sich in Menschen hinein versetzen zu können, helfen nicht sehr viel im Umgang mit Narzissten. Geistige Fähigkeiten haben ja auch immer etwas mit Logik und Erfahrungen zu tun und da läuft man leider komplett in's Leere bei NPS. Dafür spielen die anderen 2 Begriffe eine durchaus nennenswerte Rolle.

So hat mich meine ausgeprägtes Empathie nicht nur zu einer leichten Beute für meinen Vampir gemacht, sie ist auch einer der Hauptgründe, warum ich überhaupt erst ein so großes Interesse bei einem waschechten Narzissten geweckt habe.

Denn eine hohe EMPATHIE zu besitzen bedeutet ja über eine hohe Bandbreite von Gefühlen zu verfügen und ein stark ausgeprägtes Einfühlungsvermögen zu besitzen. Immer schon hab ich das kleine, verletzte Kind in meinem Vampir gesehen, geahnt, gespürt. Ohne die tatsächlichen Hintergründe dafür zu kennen, oder gar zu wissen. Zur EMPATHIE gehört auch Mitgefühl. Und wer mitfühlt sieht auch das Leid, die Verletzung dieses ewig Suchenden. Und wenn man liebt, will man helfen. Vollkommen normal für Menschen mit einer gesunder, oder gar hoher EMPATHIE.

Wie ECHO bei NARZISS habe auch ich immer auch die Leere, das Leid, die Verzweiflung meines Vampirs gespürt. Die hohe Verletzlichkeit hinter der schillernden Erscheinung. Deshalb überhaupt hab ich so Vieles ertragen können. Ich habe seine erfühlte Verletzlichkeit über die meine gestellt. Nicht untypisch für hochsensible, oder sehr empathische Menschen!

Nur war mir leider nicht bekannt, dass mir diese Eigenschaften zum Verhängnis werden könnten. Weshalb zu einer gesunden EMPATHIE, gerade wenn sie stark ausgeprägt ist, immer auch eine gesunde Abgrenzung gehört.Kein reines mitleiden, oder mitfühlen, was die eigene Person beeinträchtigt, sondern ein Wahrnehmen und Erkennen, ohne sich darin zu verlieren. Was wiederum auch etwas mit der persönlichen RESILIENZ zu tun hat. Nur ist die Frage, ob das wirklich ein Segen war, psychisch sehr belastbar zu sein.

Mein Körper strafte mich schließlich dieser Lüge. Hielt es irgendwann nicht mehr aus. Und wehrte sich, während meine Psyche weiter versuchte stramm die Fahne aufrecht hielt.

Dabei hielt ich eine RED FLAG hoch, ohne diese zu erkennen.

Dennoch entscheidet natürlich die eigenen RESILIENZ über die psychische Gesundheit und Belastungsfähigkeit.

Meine Vorgängerin ist am Ende wahrscheinlich genau daran kaputt gegangen und gescheitert. Hat die psychischen Schäden und Spuren, die mein Vampir bei ihr hinterlassen hat, nicht mehr positiv umwandeln können. Sicherlich auch, weil sie nicht wußte, wen sie eigentlich wirklich all die Jahre lang geliebt hat. So wie ich!

Sie suchte nach Antworten, hatte so viele Fragen, die sie sich selbst irgendwann einfach nicht mehr beantworten konnte.

Hätte sie von der Existenz moderner Vampire gewußt, hätte sie geahnt, es mit NPS zu tun zu haben, hätte sie den Grund für all das Leid und all diese Leere gekannt, wäre ihre Entscheidung vielleicht anders ausgefallen. Die Entscheidung all dem ein Ende zu setzten.

Freitod anstatt Leere, Scham und Schuld.

HYPERVIGILANZ MACHT KRANK, oder steter Tropfen höhlt den Stein

Die griechischen Vorsilben HYPER und HYPO beschreiben vor Allem im medizinischen Bereich Zustände, die über, oder unter normal liegen. Hypertonie ist beispielsweise Bluthochdruck, Hypotonie das Gegenteil. VIGILANZ stammt aus dem Lateinischen und bedeutet wach, aufmerksam, erhöhte Reaktionsfähigkeit. In der Psychologie beschreibt eine HYPERVIGILANZ einen überdurchschnittlich hohen Wachsamkeitszustand. Eine extrem hohe Reaktionsbereitschaft auf Außenreize. Der Körper befindet sich in Alarmbereitschaft. Diese erhöhte Wachsamkeit und Wahrnehmungsfähigkeit ist eine durchaus sinnvolle Einrichtung der Natur, die in Gefahrensituationen schützen soll.

Kommt es also zu gefährlichen, lebensbedrohende Stresssituationen werden alle Systeme, die jetzt gerade nicht wichtig sind herunter gefahren, dafür Andere, wie z.b. Reaktionsvermögen, Auffassung und Wahrnehmung auf Hochleistung gefahren. Dies geschieht u.a. durch die erhöhte Ausschüttung der Hormone Adrenalin, Noradrenalin und Cortisol.

Je gefährlicher und lebensbedrohlicher eine Situation ist, desto höher auch die Alarmbereitschaft des Körpers. So werden die Sinne geschärft, die Reaktionsfähigkeit erhöht und Herz und Pulsrate steigen an.Während beispielsweise Verdauung, Schlafbedürfnis, oder Hunger und Durst auf null gefahren werden. Klar. Macht ja auch Sinn, wenn es ums Ganze geht. Wenn man auf Flucht oder Kampf eingestellt sein muss.

Zum Problem wird die HYPERVIGILANZ nur dann, wenn man ihr ständig ausgesetzt ist und der Körper dauerhaft in einem Kampf-Flucht-Modus ist. Das macht auf Dauer krank.

Eines der Hauptsymptome einer PTBS (Posttraumatische Belastungsstörung), wie sie beispielsweise bei Kriegsveteranen vorkommt. Aber eben leider auch bei Missbrauchsopfern einer toxischen Beziehung. Und ich hab den Spaß ja 25 Jahre mit gemacht. Zwar erfreue ich mich einer äußerst robusten Gesundheit, aber irgendwann haut's auch den stärksten Krieger um. Und genau das war ich. Eine Kriegerin, die permanent um ihre Rechte, ihr Sein, ihre Bedürfnisse und um Frieden kämpfte. Viele Opfer toxischer Beziehung weisen Symptome einer krankmachenden HYPERVIGILANZ auf, nicht selten sogar eine echte PTBS!

Ein schleichender Prozess, aber deswegen nicht minder gefährlich. Steter Tropfen höhlt den Stein!

Erreicht wird diese z.B. durch permanente in Fragestellung der eigenen Person. Auch durch fehlende Nähe, nachhaltiges Vertrauen und Verlässlichkeit. Das „Komm her-geh weg-Spiel", das Jekyll und Hyde-Syndrom, die Unberechenbarkeit eines toxischen Partners.

Wie auch die perfiden Formen der Manipulation.

Eine Unterform des GASLIGHTING, ist das sogenannte EGGSHELLING. Eine eigene psychologische Bezeichnung für ein Verhalten, was man auf Deutsch wohl am Besten mit:"auf rohen Eiern laufen" übersetzt. Durch permanente Wiederholung von - teilweisen versteckten - Vorwürfen, oder Missbilligungen wird man extrem vorsichtig und bewegt sich, wie auf rohen Eiern.

Zur Verdeutlichung ein persönliches Beispiel.

Ich bin ein ausgesprochenes Arbeitstier, was sich auch nicht scheut bei Wind und Wetter draußen zu sein, im Dreck zu wühlen und harte körperliche "Männer"Arbeit zu verrichten. Eines schönen Tages aber lag ich mit einem Buch in der Sonne, als mein Vampir nach Hause kam. „Ach, was denn hier los, fragte er. Dick und bräsig in der Sonne liegen." Für alle Nicht-Norddeutschen eine kurze Erklärung. Bräsig bedeutet: schwerfällig, langsam, faul.

Nun muss man sich an den norddeutschen Charme ein wenig gewöhnen. Er ist schroff, ehrlich, aber nie bös gemeint. Deshalb darf man das nicht zu wörtlich nehmen. Tat ich auch nicht, lachte und sagte: ja, das muss ja auch mal sein. Soweit so gut.

Was nun aber folgte war eine permanente Wiederholung, die zu: "Frau Bräsig liegt mal wieder in der Sonne" wurde und das fing an mich zu ärgern, weil es nicht mehr lustig war.

Erstens bin ich alles andere als bräsig, zweitens trifft "mal wieder" nicht zu und Sonne in Norddeutschland schon mal gar nicht.

Aber anstatt ihm das zu sagen und unbequem zu werden, passierte Folgendes: Wann immer ich tatsächlich mal faulenzte, was ohnehin nicht oft vorkam, sprang ich sofort auf und beschäftigte mich mit irgendwas, wenn ich hörte, das mein Vampir nach Hause kam. Et voilá - schon war ich in meinem Handeln beeinflußt, also erfolgreich manipuliert. Das ist EGGSHELLING.

Und davon gibt es viele Beispiele, bei denen meine Reaktion stets die selbe war: bloß keinen Ärger provozieren. Was soweit ging, dass ich mich kaum noch traute mal nix zu tun. Selbst im Urlaub.

Krank, oder? Vor allem aber macht diese Vor- und Rücksicht auf Dauer krank, womit wieder bei der HYPERVIGILANZ wären.

Zusammen mit den vielen anderen perfiden Vampirstrategien, der gefühlsmäßigen Achterbahn, all den unausgesprochenen Problemen, dem SILENT TREATMENT und jeglichem Fehlen von irgendeiner Verlässlichkeit war das irgendwann zu viel.

Die tapfere Kriegerin wurde krank. Ich bekam Krebs.

Klar, jeder trägt Krebszellen in sich, die jederzeit mutieren können und ich war zudem familiär noch stark vorbelastet. Trotzdem habe ich von Anfang an gesagt: Mein Krebs trägt seinen Namen. Unfair, wie Viele fanden. Aber mit dem jetzigen Wissen wahrscheinlich zutreffender denn je.

Denn damals hatte ich meinen Vampir ja noch nicht als solchen erkannt. Oder besser, ich wußte nicht, dass es sie tatsächlich gab, diese Seelenräuber, Energiefresser, Lebensschmarozer.

Und was macht so ein Vampir, wenn plötzlich seine Energiequelle versiegt? Er geht! Tatsache!

Mein Vampir war mit meinem Zustand derart überfordert, dass er sich über Monate in sein Ferienhaus zurück zog, bis ich zumindest mit der Chemo durch war. Was nicht das Ende meiner Krebstherapie bedeutete. Damit aber nicht genug.

Das Erste was er nämlich am Tag der Diagnose tat, war Alle verrückt zu machen und ihnen das große Wort Krebs um die Ohren zu hauen, ohne sich überhaupt genau damit auseinander gesetzt zu haben. Darum hatte ich ihn aber nicht gebeten und hätte es ehrlich gesagt auch lieber selbst getan.

Das war meine Diagnose, meine Krankheit, meine Freunde, meine Familie und ich selbst brauchte eigentlich etwas Zeit für mich.

Er aber hat meinen Krebs zu seinem eigenen Leid und einer großen Sensation gemacht. Ohne dass ich dazu überhaupt an diesem Tag in der Lage war, rauschten Menschen an, um für mich da zu sein. Ist zwar nett, war aber das Machwerk meines Vampirs.

Selbstverständlich hat er mich auch zu keiner Untersuchung, bei medizinischen Beratungen, oder Entscheidungen begleitet.

Er saß auch keinesfalls an meinem Bett, als ich aus der OP aufwachte. Dafür rauschte er später ins Krankenzimmer, warf mir 2 Chipstüten aufs Bett, brach einen Streit vom Zaun und schlug die Scheidung vor. Im Ernst!

Er war wütend, überfordert und panisch. Jetzt ging es einmal um mich, meine Diagnose, mein Leben.

Und das machte auch ich ihm deutlich, dass ich im Moment keine Kraft für andere Dinge hätte. Da liegt doch der Vorschlag einer Scheidung nach 16 Jahren Ehe nahe, oder?

Wer sich jetzt fragt, warum mir nicht spätestens da klar geworden ist, dass das weitab von normalen Verhalten oder echter Liebe ist, dem geb ich natürlich recht. Erstaunlicherweise hat mein Umfeld, also Familie und Freundeskreis jedoch keinesfalls so reagiert.

Natürlich fanden sie das nicht in Ordnung und haben auch mit ihm gesprochen. Vermute ich zumindest, denn ich lag ja allein über Weihnachten im Krankenhaus. Aber dass mir gegenüber jemand tatsächlich mal geäußert hätte: Nu reicht`s. Dem wasch ich jetzt erstmal ordentlich den Kopf, blieb aus.

Zumindest wurde es mir so nicht vermittelt.

Im Gegenteil. Als mein Vater mich aus dem Krankenhaus nach Hause brachte, von dem ich ja nicht mal mehr wußte, ob es überhaupt noch mein zuhause war, bat er mich nett gegenüber meinem völlig überforderten Vampir zu verhalten.

Das werde ich nie vergessen. Denn ich fauchte ihn an: "Ich muss hier gerade gar nichts, lieber Vater, schon gar nicht nett sein. Es geht hier ausnahmsweise mal um mich. Ich hab Krebs und weiß nicht, was die Zukunft bringt. Nicht er. Und er hat sich unmöglich benommen und von Scheidung gesprochen, nicht ich"

Ich weiß, mein Vater wollte nur schlichten, kannte mich und befürchtete ich würde alle zarten Einlenkungsversuche sofort zu Nichte machen, dennoch war ich schockiert von dieser Bitte.

Und so oder ähnlich reagierte eigentlich auch der Rest der Welt.

Na, das meinte der doch nicht so.... Du kennst ihn doch.... der ist mit der Situation überfordert… Aha! Und ich?

Ich weiß nicht, was mein Vampir gesagt, oder getan hat, dass Alle Mitleid, oder zumindest Verständnis für ihn hatten, aber mein berechtigter Zorn wurde durch dieses Verhalten allerseits echt der Wind aus den Segeln genommen. Sodass ich - perfider Weise, tatsächlich wieder mal die Schuld bei mir suchte.

Schade eigentlich.

Hätte man meine Wut derzeit noch ein wenig befeuert, hätte ich ein weiteres Mal die Chance gehabt mich endgültig zu trennen. Was natürlich auf Grund der Umstände schon eine schlechte Entscheidung gewesen wäre. Mitten in einer Krebstherapie sollte man sich nicht noch mit Trennungsfragen, oder Scheidung rumquälen. Daher versteh ich auch, dass Alle erstmal an meiner Genesung interessiert waren.

Und in der Tat war ich mal wieder so mit den Untaten meines Vampirs beschäftigt, dass ich mich auf das derzeitige Übel den Krebs zu bekämpfen gar nicht richtig konzentrieren konnte.

Das schafft nur ein echter Narzisst und beschreibt sein Wesen ziemlich gut. Es geht immer und in allen Situation um ihn. Seine Bedürfnisse. Sein Leid. Man muss ja nicht gleich mit einer schweren Erkrankung aufwarten. Chronische Erkrankungen, psychosomatische Reaktionen, Depressionen, oder Schlafstörungen reichen ja auch. Und in der Tat entwickeln viele Missbrauchopfer Krankheitsbilder, die sie vorher nicht hatten. Insbesondere, wenn deren RESILIENZ nicht sehr hoch ist. Doch wenn man über die Jahre des Missbrauchs erheblich zermürbt wurde, leidet auch die psychische Gesundheit irgendwann. Bei Jedem.

Steter Tropfen höhlt den Stein!

Nur Wissen kann hier wieder schützen und helfen.

Wissen ist Macht!

EROS und PSYCHE

Es geht hier weniger um die Geschichte von Eros und Psyche, sondern die beiden Namen dienen als Metapher. Stellvertreter für ein weiteres Problem im Leben mit Narzissten:
Dem Zusammenhang echter Gefühle mit Körperlichkeit.
Die Auswirkungen dieser Störung auf Intimität. Die Unfähigkeit des psychisch gestörten Narzissten echte Nähe zu zulassen.
Lets talk about Sex!
Wer auf Abenteuer aus ist, oder gar verborgene Wünsche, Vorstellungen und ausgefallenen sexuelle Neigungen hat, mag in einem narzisstischen Partner tatsächlich die Erfüllungen aller je da gewesener Träume finden!
Warum? Weil der Narzisst ein Manipulator ist! Weil er einem die eigenen Wünsche und Sehnsüchte verkauft. Weil moderne Vampire davon leben, zu erspüren, was das Opfer hörig macht!
Meister darin sind, einem die eigenen Wünsche, auch als die Seinen zu verkaufen.
Und das gilt natürlich auch fürs Bett. Sex ist Macht.
Zumindest kann er gezielt dafür eingesetzt werden und führt sehr schnell zu einer Abhängigkeit. Klar, denn guter Sex setzt alle möglichen extrem stimulierende und euphorisierende Hormone frei und kann daher, wie eine Droge wirken.
Das hat sich die Natur wieder sehr schlau ausgedacht: um die Fortpflanzung und damit den Erhalt der Art zu sichern, macht der dafür nötige Akt extrem viel Spaß. Ja mehr noch: Sex ist Trieb gesteuert. Es gibt nur 2 Triebe, die jedes Lebewesen antreibt:
Selbsterhaltung und Fortpflanzung.
Ohne diese Urinstinkte wäre Evolution nicht möglich. Könnte eine Art nicht dauerhaft überleben und damit fort bestehen.
Sex folgt damit einem sehr natürlichen Bedürfnis und kann Suchtcharakter haben. Im extrem Fall führt das Verlangen nach diesem Rausch und der nachfolgenden Entspannung zu einer unkontrollierten, krankhaften Sexsucht.
All diese Eigenschaften von Sex, machen ihn für Narzissten so interessant. Als gezieltes Macht- und Manipulationsmittel!
Und zwar in beide Richtungen. Zum Einen als Bindungs- um nicht zu sagen Suchtmittel, aber auch als Druckmittel, in Form von kompletten Entzug. Gern im SILENT TREATMENT eingesetzt.
Einem Narzissten fällt das leicht, denn er verspürt nicht den selben

Gefühlsrausch, die gleiche Sehnsucht nach körperlicher Nähe und Verbundenheit, wie sein Opfer.

Es wird sogar behauptet, dass die Ausschüttung von OXITOCIN bei NPS vermindert ist, bzw. ganz ausbleibt.

OXITOCIN wird auch als Bindungshormon bezeichnet und ist von der Natur wieder mal genau so gewollt und durch dieses Hormon sicher gestellt. So spielt OXITOCIN eine immens große Rolle bei der Geburt, aber eben auch beim Sex.

Das Hormon sorgt dafür, dass es zu einer dauerhaften, positiv emotionalen Bindung kommt. Nicht so bei Narzissten.

Wer schafft es schon freiwillig auf etwas so Schönes, wie Sex zu verzichten? Was sind das für Menschen, die körperliche Nähe, Austausch von Intimitäten, den physischen Ausdruck von Gefühlen, als Druckmittel benutzen? Zur gezielten Manipulation einsetzten. Nur wer auch dazu ein gestörtes Verhältnis hat, kann das!

Gerade im Bereich Sex, gibt es unendlich viele Möglichkeiten, jemanden zu überraschen, zu erfüllen, hörig zu machen und ihm Nähe und Verbundenheit vorzugaukeln.

Nirgendwo ist ein Mensch so angreifbar, wie beim Sex. Nackt, ungeschminkt, schutzlos.

Wir Alle wissen, wie sich guter Sex anfühlt. Was er mit einem macht! Wie wir gerade in der ersten Verliebtheit die körperliche Intimität wahrnehmen und erfahren. Auch wenn das Jeder für sich leicht anders definieren mag. Und dies ist natürlich, also von der Natur durchaus so beabsichtigt, auch ein Bindungskitt: Es schweißt uns an den Einen - sonst Keinen! Unterstützt von OXITOCIN.

Niemand geht in der ersten großen Verliebtheit fremd!

Der Narzisst schon, denn es mangelt an echten Gefühlen.

Seine Befriedigung ist immer die Gleiche: Manipulation, Macht, Kontrolle, Anerkennung, Bewunderung und Erfolg. Hat also weder etwas mit Liebe, noch mit Verliebtheit zu tun.

Im Bestfall hat man also - um mit Eros zu sprechen- sensationellen Sex mit dem modernen Vampir. Aber Eros ist der Gott der Liebe und der Verliebtheit und daran mangelt es eben erheblich bei Menschen, die weder Vertrauen, noch Nähe zulassen können. Ein Narzisst läßt sich nicht fallen - er muss immer die Kontrolle behalten. Echte Nähe, Verbundenheit, ein Verschmelzen, oder ineinander aufgehen fehlt. Das kann der Narzisst nicht geben. Nicht empfinden und daher auch nicht nach vollziehen. Seelenloser Sex, der mit "Liebe machen" rein gar nichts zu tun hat.

Und das spürt man auch.

Auch ich hab das von Anfang an wahrgenommen, denn in diesem Bereich sind sie schlechte Lügner. Hier spricht der Körper. Sex ist eine nonverbale, universelle Sprache, die auf der ganzen Welt verstanden wird. Nur Vampiren bleibt sie verschlossen.

Und das fängt schon beim Küssen an. Wie heißt es so schön:" Mit einem Kuss, schmeckt man ein Stück Seele"

Was aber soll man bei einem modernen Vampir schmecken? Das kleine fragile Kind im Hinterstübchen? Oder den Fake als Erwachsener? Auch der Kuss eines Narzissten ist seelenlos. Ohne echte Hingabe, Leidenschaft oder Gefühl. Bestenfalls gute Technik. Wie im Bett. Die Psyche stört Eros. Echte, sinnliche Erotik kommt nicht auf. Begierde, Lust, Verlangen ja, aber diese Begriffe haben alle was mit besitzen zu tun.

Erotik aber hat etwas mit Sinnlichkeit, Leidenschaft, Genuss und Hingabe zu tun. Frei vom Anspruch etwas zu wollen, zu haben, oder zu besitzen. Ein kleiner, feiner, aber sehr mächtiger Unterschied.

Ein simpler, aber ehrlicher Kuss verrät so manches über einen Menschen. Hätt ich mal bloß auf mein Bauchgefühl gehört!

Denn vor Allem in der Körperlichkeit, hat mein Bauch mich stets gewarnt. Doch ich hab nicht drauf gehört. Ich wollte es besser wissen.

Wie singt ROSENSTOLZ so schön:

"Aus Liebe wollt ich's besser wissen,
jetzt weiß ich leider nichts
Aus Liebe wollt ich Alles wissen,
mein Wissen hilft mir nichts
Du machst mich krank
Du machst mich dumm
die Liebe lacht mich aus"

Aber was ist Liebe? Wie definiert man Liebe?

Ich denke, wir sind uns Alle darüber einig, dass man ein so großes mächtiges Gefühl, weder wirklich beschreiben, noch definieren kann.

Meine beste Freundin und ich haben dies mal einen ganzen Abend lang diskutiert. Gibt es eine Umschreibung für Liebe? Eine Definition? Woraus besteht Liebe? Denn natürlich existieren verschiedene Formen von Liebe. Mutterliebe unterscheidet sich von einer Liebesbeziehung zu einem Nichtverwandten.

Und man kann Kinder lieben, ohne dass es die Eigenen sind.

Man kann sogar Tiere lieben, die nichtmal zur eigenen Art gehören. Man kann Kunst, Musik, oder einfach die Schönheit von Dingen lieben. Oder einen Gott.

Was also macht Liebe aus? Und ab wann spricht man von Liebe? Läßt sich Liebe überhaupt in Worten beschreiben? Und wenn nicht, woher weiß man dann, dass es Liebe ist? Was "echte" Liebe ist?

Die alten Griechen haben Liebe in 3 Begriffe unterteilt: EROS - AGAPE - PHILIA

EROS steht für die körperliche, leidenschaftliche, romantische Liebe. AGAPE für die bedingungslose, selbstlose, gewachsene und umfassende Liebe. PHILIA für für geistige, nicht körperliche Verbundenheit und Liebe

AGAPE und PHILIA bleiben dem Narzissten damit komplett verschlossen. Kann er nicht. Kennt er nicht. Nur auf der Ebene von EROS kann er agieren, indem er die Leidenschaft befeuert. Im Deutschen beinhaltet der Ausdruck Leidenschaft, auch das Wort „Leiden". Kein Wunder also, dass der Narzisst hier seinen Ansatz findet. Hier spielt die EMOTIONALE INTELLIGENZ eine Rolle. Denn es bedarf der Erfahrung und Reflexion eigener Emotionen, sowie Selbstlosigkeit, um eine echte und dauerhafte Verbindung eingehen und halten zu können. So wie sie beispielsweise Mütter bei ihren Kindern besitzen. Das kann der Narzisst nicht. Selbst bei seinen eigenen Kindern nicht.

Er mag sie zwar auf seine - eingeschränkte Art - tatsächlich lieben, schätzen und ihnen verbunden sein, aber es fehlt an Tiefe.

An Ehrlichkeit, Selbstlosigkeit und der Fähigkeit tiefgreifende Emotionen empfinden zu können. Eher sind sie sein "Besitz", sein "Stolz", sein Produkt. Seins.

Der Abend mit meiner Freundin endete übrigens mit folgenden Begriffen, die Liebe umschreiben und beinhalten sollte:

Bedeutsamkeit

Wahrhaftigkeit

Verbundenheit

Verlässlichkeit

Einzigartigkeit

Und ein weiteres mal kann ich nur sagen: Hätt ich meinen eigenen Worten mal etwas mehr Bedeutung geschenkt.

Hätte ich mal die Liebe zu meinem Vampir der Prüfung meiner eigenen Definition unterzogen.

Hätte, hätte....hab ich aber nicht!

DER WEG IST DAS ZIEL, oder besser:
"Das Ziel ist im Weg"

Narzissten leben im hier und jetzt. Jetzt wollen sie etwas, begehren etwas, oder bilden sich ein, etwas ganz dringend zu brauchen. Im Jetzt. Das kann morgen schon ganz anders sein. Wichtig ist einem Narzissten die sofortige, unmittelbare Befriedigung seiner Bedürfnisse. Und dabei verliert er keinen Zeit. Gibt Alles, um dies möglichst schnell zu erreichen. Scheut keine Kosten und Mühen, bis er hat, was er glaubt unbedingt haben zu wollen. Besitzen zu können wäre wohl die treffender Wortwahl, denn darum geht's: Mein Haus, mein Auto, meine Frau. Und wenn das nicht hilft, hat man gleich mehrere davon. Ein ständiges Suchen nach mehr. Schneller, höher, weiter. Immer und gleich. Ein unstillbarer Hunger, wie ein Vampir nach Blut. Kaum hat er seinen Durst gestillt, dürstet es ihn nach mehr. Und er braucht es. Es bedingt sein Sein. Er ist abhängig davon, von mehr! Vom nächsten Opfer, vom nächsten Erfolg, vom nächsten Bedürfnis, was befriedigt werden will.

Ein lang gehegter Wunsch, eine nicht gestillte Sehnsucht, oder gar einen unerfüllten Traum, kennen Narzissten nicht. Nichts ist für die Zukunft. Alles fürs Jetzt. Für die sofortige und kurzfristige Befriedigung ihrer Bedürfnisse. Deshalb fällt ihnen das FUTURE FAKING auch so leicht. Wahrscheinlich glauben sie sogar selbst daran. Ein höheres Ziel gibt es nicht. Kein langfristiges Streben nach Vervollkommnung. Kein Reifen und Werden, sondern nur die Befriedigung des Augenblicks.

Auch hierfür gibt es wieder einen psychologischen Begriff: PRISONER OF THE PRESENCE, Gefangene im Hier und Jetzt. Und das hat Auswirkungen.

Von den 3 menschlichen Zeiteinheiten: Vergangenheit - Gegenwart - Zukunft, ist uns ja tatsächlich nur eine Größe wirklich bekannt. Und das ist das Vergangene. Die Zukunft kann man planen, aber man kennt sie nicht. Und die Gegenwart, ist streng genommen nur eine Schnittstelle der beiden anderen zeitlichen Größen.

Das, was ich JETZT und hier schreibe, gehört bereits an dieser Stelle, also JETZT der Vergangenheit an. Ein Herzinfarkt, ein Unfall, ein Unwetter, ein Anruf, was auch immer, könnte diesen friedlichen Moment der Gegenwart für immer nachhaltig und Zukunftsbestimmend ändern.

Das JETZT ist der Moment, indem die Zukunft beginnt und der Vergangenheit ein weiteres Stück hinzu gefügt wird.

Also, was bedeutet es, sich ausschließlich im Jetzt und der Gegenwart zu bewegen? Wie lebt man, wenn man das Rad jeden Tag neu erfindet? Die Vergangenheit nicht zählt? Und wie ist es, mit so Jemanden zusammen zu leben? Nichts hat wirklich Bestand. Nichts gilt für die Zukunft.

Versprechen, Abmachungen, Vorhaben, oder gar "gemeinsame" Entscheidungen, haben morgen schon keine Bedeutung mehr.

Darauf angesprochen, pflegte mein Vampir stets zu antworten:"der Weg ist das Ziel"! Und wenn ich ihn auf etwas festnageln wollte, was er gesagt hat, was er mir versprochen hat, kam :

"Was interessiert mich mein Geschwätz von gestern." (Zitat Otto von Bismarck)

Man ahnt, wie schwierig ein solchen Verhalten für eine Partnerschaft, ein gemeinsames Leben ist. Bei einem Narzissten sollte man sich nie auf irgendwas verlassen.

Denn hier fehlen mal wieder wichtige Eigenschaften, die ein Narzisst schlicht und ergreifend nicht besitzt. Oder anders ausgedrückt: ein solches Verhalten, ein solcher Anspruch, ein solches Agieren ist nur möglich, wenn man wie ein Narzisst denkt. Und das tun normale Menschen nicht. Und schon sitzt man in der Falle, denn man hat einen anderen zwischenmenschlichen Umgang gelernt. Geht davon aus, dass ein Wort auch noch morgen Gültigkeit hat. Dass Versprechen nicht leichtfertig gegeben werden. Dass eine Lebensgemeinschaft immer auch Gemeinsamkeit bedeutet.

Dass es Begriffe, wie Moral, Ehre, oder Verlässlichkeit gibt.

Dies Alles entspricht aber nicht dem Wesen eines Narzissten. Dem ewig Suchenden. Hier sei die fehlende Reflexion - insbesondere Selbstreflexion, eine weiteres Mal erwähnt.

Reifen kann im Alter nur, wer in der Lage ist, über sein Sein und Handeln auch zu reflektieren. Das würde aber vielleicht auch Scham und Reue bedeuten und das ist unvereinbar mit dem Streben eines Narzissten. Also wird dies ausgeblendet, vermieden und unterdrückt!

Narzissten fehlt die Demut und der lange Atem sich ihren Wünschen und Bedürfnissen langsam zu nähren. Wäre ehrlich gesagt auch sinnlos, denn das könnte ja morgen schon etwas ganz Anderes sein. Und dadurch gibt es eben auch kein übergeordnetes Ziel. Hat der Narzisst sich einen kurzfristigen Belang erfüllt, strebt er schon nach einem Weiteren. Und hat er erreicht, was er sich vorgenommen hat, stirbt sein Interesse ganz schnell.

Ein Narzisst ist dazu verteufelt, nie irgendwo anzukommen.

Wie ein Esel rennt er der Möhre hinterher und erreicht sie doch nie. Kurzfristige Erfolge ja, doch Langfristigkeit gibt es nicht. Nach jeder Befriedigung eines Bedürfnisses, eines Erfolgs, eines Ziels, tut sich wieder eine unglaubliche Leere auf. Und der unstillbare Hunger bleibt bestehen. Ein extrem anstrengender Zustand, in der sich jeder Narzisst befindet.

Langfristige Befriedigung all ihres Strebens bleibt, trotz aller Bemühungen grundsätzlich aus. Ein rastloses Sein. Verdammt zu ewiger Suche, getrieben von unstillbarem Hunger nach mehr.

In der Weltliteratur wird dieser Zustand eines ewig Unerfüllten, ewig Suchenden, ewig Strebenden nach Erfüllung sehr gut mit Goethes Figur des FAUST beschrieben.

FAUST, der Alles hat, findet doch keinen Frieden mit sich. Strebt nach Höherem, nur weiß er nicht wie und wo er es finden kann.

Um diesen Glück zu finden, dieses Gefühl zu spüren, diesen Moment zu erleben, geht er sogar den Pakt mit dem Teufel ein.

Für einen Moment, für ein nicht gekanntes Gefühl, ist er bereit seine Seele zu verkaufen!

"Werd ich zum Augenblicke sagen: verweile doch! Du bist so schön! Dann magst Du mich in Fesseln schlagen, dann will ich gerne unter gehen." (Zitat FAUST, der Deal mit Mephisto)

Er strebt also nichts Anderes an, als einen Augenblick absoluter Erfüllung für sich zu finden. Einmal das Gefühl zu haben: Jetzt bin ich ich! Jetzt macht all mein Sein einen Sinn!

Dafür war all mein Wissen, meine Erfahrungen und mein Streben gut. Dieser Augenblick gibt mir die Antwort auf alle Fragen, erfüllt mich!

Und um dieses hohe, gleichsam aber sehr egoistisches Ziel zu erreichen geht er über Leichen.Es ist nicht nur Gretchen, die ihr Leben auf dieser Suche, diesem Streben lassen muss.

Erst tötet sie ihr (und sein) Kind, bevor sie sich selbst aus Verzweiflung das Leben nimmt. Durch ihre Naivität und tiefer Liebe läßt sie sich von FAUST derart manipulieren, dass auch ihre Mutter und ihr Bruder ihr Leben lassen müssen.

Das alte Liebes- und Ehepaar PHILEMON und BAUCES stirbt ebenfalls, weil es einem Plan im Wege steht. Im wahrsten Sinnen des Wortes. Sie müssen ihr Leben lassen, weil sie der

Verwirklichung seines Vorhabens im Weg sind. Der Weg ist das Ziel. Und diesem Ziel standen die Beiden im Weg.

Interessant dabei ist, dass die beiden Namen, bzw. beschriebenen Menschen PHILEMON und BAUCES wieder mal der griechischen Mythologie entliehen sind und für wahrhafte, tiefe Liebe stehen.

Noch heute spricht man von einem PHILEMON-BAUCES-SYNDROM, wenn langjährige Lebenspartner gemeinsam sterben, oder nach dem Verlust des Partners selbst den Tod wählen, oder sterben. Ohne den Anderen können und wollen sie nicht sein.

Stellvertretend für die wahre, einzigartige Liebe, in der diese Menschen ihr Glück gefunden haben. Was FAUST auf seiner Suche und in seinem Streben leider auch nicht sehr beeindruckt hat.

In der wunderschönen Sprache Goethes wird im FAUST die aZerrissenheit einer Person beschrieben, die nur Eines will: Langfristige Befriedigung! Ein Ziel, ein Ankommen. Die innere Leere zu füllen. Seinem Leben einen anhaltende Sinn geben.

Nun hat FAUST dies am Ende geschafft! Ebenso der vorgesehenen Strafe zu entgehen. Und zwar in dem Augenblick, wo er von seinem narzisstischen Streben abgelassen hat und für andere Menschen etwas tat. Selbstloses Handeln in Form von Landgewinnung.

Sicherheit und Schutz für Andere. Er selbst hatte eigentlich nichts davon. Doch da erst stellte sich bei FAUST das ersehnte Gefühl endlich ein. Der Augenblick, für den er seine Seele an den Teufel verkauft hat. Ein Narzisst schafft das leider nicht.

Er bleibt in diesem Streben nach mehr gefangen und ihm ist eben nie der Augenblick vergönnt, der verweilt. Das kann er nicht. Langfristigkeit gibt es nicht. Ein hohles Gefäß, dass sich nicht füllen läßt. Und das immer nur kurzfristig von Anderen gefüllt werden kann. Er braucht die Gefühle, Wünsche, Träume und Sehnsüchte Anderer, um sich selbst am Leben zu halten. Denn er selbst kann es nicht. Und wird es vermutlich auch nie können, denn er weiß ja nicht, dass er ein Narzisst ist.

Schon irgendwie traurig, oder? Als Empath stell ich mir diesen Zustand grausam vor!

Wie muss es sein ständig seine momentanen Bedürfnisse befriedigt zu müssen? Kein Ziel zu haben und damit nie die Chance auch irgendwo anzukommen?

Ganz ehrlich, dann bin ich lieber ein Missbrauchopfer, als mit einem solchen dauerhaft unbefriedigenden Zustand zu tauschen!

Denn ich hab die Wahl!

Ein Narzisst nicht! Er ist in sich gefangen.

FRUST und FEHLER

Alle Menschen machen Fehler. Jedes Lebewesen macht Fehler! Fehler gehören zum Leben dazu und stellen einen wichtigen Lernprozess dar. Denn so frustrierend es sein mag, eine Fehlentscheidung getroffen, oder ein falsches Verhalten gezeigt zu haben, es birgt immer auch die Chance in sich, sich das nächste Mal anders zu verhalten. Also aus diesem unerwünschten Ergebnis zu lernen.

Frust entsteht, wenn ein Vorhaben misslingt. Wenn Erwartungen, oder Bedürfnisse nicht befriedigt werden. Und das passiert nunmal im Leben. Lernerfahrungen basieren - auch bei Tieren - auf dem Try-and-Error Prinzip. Das hat gut funktioniert, Das nicht. Lernen am Prinzip des Erfolgs und Misserfolgs der Handlungen und Entscheidungen.

Wenn man aber Misserfolg nicht zuläßt, schön redet, oder Andere dafür verantwortlich macht, kann man auch sein Verhalten nicht ändern. Und damit auch nicht dazu lernen.

Wer nicht gelernt hat, mit Misserfolg und dem daraus resultierenden Frust adäquat umgehen zu können, wird wütend, aggressiv und gern auch zerstörerisch.

Wie ein kleines Kind, dass sich an der Supermarktkasse auf den Boden wirft, schreit und mit den Fäusten auf den Boden trommelt, weil es diesmal kein Ü-Ei bekommen hat, was es eben grad an der Kassenauslage entdeckt hat. Deswegen geht ja nicht die Welt unter, nur weil man mal kein Schoki beim Einkauf abgestaubt hat. Damit hat das kleine Kind aber nicht gerechnet und es will JETZT unbedingt ein Ü-Ei.

Außerdem stellt die Verwehrung eines Wunsches immer auch eine Ablehnung dar. Im schlimmsten Fall wird das sogar als kurzfristiger Vertrauensbruch, oder Liebesentzug wahr genommen.

Das spontane Bedürfnis wurde nicht befriedigt, der Wunsch abgelehnt und kleine Kinder nehmen diesen Misserfolg oft persönlich, also als Ablehnung ihrer Person und ihrer Bedürfnisse.

Sie sind taub für die Gründe und diesem Moment interessiert sie das auch nicht und so steigern sich in diesen Zustands des Frust hinein.

Narzissten sind in diesem Punkt, wie kleine Kinder. Reagieren wie kleine Kinder, wenn es um Frust geht. Das kleine verletzte Kind in Ihnen reagiert auf eine weitere Ablehnung und nimmt sie als Vertrauensbruch wahr. Dadurch kommt es bei Kritik, Misserfolg, oder eben Frust oft zu vollkommen überzogenen Reaktionen.

Der psychologische Fachbegriff hierfür lautet NARZISSTISCHE WUT. Und in dieser Wut sind sie, ähnlich wie das Kleinkind an der Supermarktkasse, oft nicht mehr zu stoppen, oder ansprechbar. Und mit logischen Argumenten muß man weder Kleinkindern noch modernen Vampiren kommen. Doch damit hat eine ganz wichtige Lernerfahrung nicht statt gefunden, nämlich Misserfolg, Ablehnung und Frust ertragen zu können. Dies nicht persönlich zu nehmen und daraus zu lernen.

Eine lebenswichtige Grundlage, die für Menschen wie für Tiere gilt, denn es gehört zum Leben, um nicht zu sagen, zum Überleben dazu, dass nicht alle Bedürfnisse immer und sofort befriedigt werden können.

Nicht jede Jagd eines Raubtieres ist erfolgreich, so groß der Hunger auch sein mag. Und nicht jede Flucht, oder Versteck eines Beutetieres ist zuverlässig und sicher. Sonst würde auf lange Sicht gesehen die eine oder andere Art aussterben. Ein natürliches Gleichgewicht.

Wir reden also über einen natürlichen Prozess, dem jedes kleine Kind ausgesetzt ist und den es lernen muss. Wir reden nicht von Darben, einen dauerhaften Verzicht auf lebenswichtige Bedürfnisse, oder gar Vernachlässigung. Es geht nur um den normalen Frust, den jedes Lebewesen verspürt, wenn es mal nicht so läuft, wie gewünscht.

Jedes kleine Kind kann und muss das lernen, doch modernen Vampiren fehlt diese Fähigkeit. Und das ist auch nicht verwunderlich, denn einerseits stehen ihre Bedürfnisse über Allem und Jeden. Zum Anderen schreit hier das verborgene Kind in ihnen, dass sich vor weiteren Ablehnungen, fehlender Anerkennung und Liebesentzug schützen will.

Und noch ein weiterer Faktor spielt hier eine Rolle, denn um überhaupt lernen zu können mit Frust umzugehen, bedarf es einer gewissen Einsicht und Reflexion. So wie der Eigenschaft Fehler zu sehen und sich einzugestehen.

Ein Narzissten macht aber keine Fehler! Fehler machen nur Andere! Er nie!

Niemals würde er zugeben einen Fehler gemacht zu haben und damit Schuld an irgendwas zu tragen. Schuld, Reue, Einsicht und Reflexion, fehlen. Und wer keine Fehler macht, muss auch keinen Frust ertragen.

Auch für dieses Verhalten, diese typische Eigenschaft von Narzissten gibt es einen Fachausdruck: BLAME SHIFTING.

Eine Schuldverschiebung, um für die eigenen Worte oder Taten keine Verantwortung übernehmen zu müssen. Schuld und Verantwortung wird von sich weggeschoben und auf andere projiziert. Damit fühlen sich diese Menschen tatsächlich selbst als Opfer. Ein Verhalten, dass den Bestand emotionaler Unreife erfüllt. Problem ist nur auch hier: Wer keine Fehler macht, kann auch nichts dazu lernen! Und genau das zeichnet einen Narzissten aus!

Sie lernen nicht dazu! Sie werden nicht klüger, reifer, oder gar weiser im Alter, sie optimieren lediglich ihre Strategien. Werden geschickter darin, ihre persönlichen Bedürfnisse durch zu setzten.

Wie es der Mythos der Vampire besagt. Sie können über Jahrhunderte ihre Fähigkeiten schulen und optimieren.

Nur ihren Zustand können sie nicht ändern. Sie bleiben, was sie sind. Raubtiere, Süchtige, Bedürftige in Menschengestalt.

Und das gilt auch für Narzissten: Menschlich reifen sie nicht!

Getriebene, die Vieles nicht können, was für gesunde Menschen normal ist.

Selbst im fortgeschrittenen Alter versuchen sie das zu bewahren, was sie für richtig halten. Was für sie wichtig ist. Im Moment, versteht sich. Nur für den Moment.

Eine Form des Stillstandes.

Ein Mangel an Weiterentwicklung, Veränderung, oder dass was man landläufig als Reifeprozess bezeichnen würde, findet somit nicht, oder kaum statt.

Nächstes Problem: Spätestens im Alter kommt ihnen dieses Defizit oft in die Quere und ist eigentlich nur noch durch Macht oder Geld zu kompensieren. Fehlt es dann an diesen Mitteln, sieht es schlecht aus, um den Narzissten. Denn Aussehen, Gesundheit, Leistung und berufliche Möglichkeiten fallen im Alter irgendwann weg.

Was bleibt mag noch Status und Geld sein. Was man hat, oder eben nicht!

Viele Narzissten tun sich daher sehr schwer mit diesem Verlust der Möglichkeiten, oder um es treffender auszudrücken mit dem Alter umzugehen.

Menschliche Reife fehlt, Freunde sowieso, Umdenken ist unmöglich und ein echtes Lebensziel gab es ohnehin nie. Dumm gelaufen für den Narzissten.

Viele Narzissten entwickeln daher oft eine Art "Jugendwahn", indem sie versuchen mit allen Mitteln - im wahrsten Sinne des Wortes - den natürlichen Verfall eines Alterungsprozess auf zu halten.

Ich möchte zum Abschluss dieses Kapitels eine persönliche Geschichte erzählen, die nichts mit meiner Ehe und meinem Vampir zu tun hat. Doch bin ich mir im Nachhinein sicher, dass auch er einer von Ihnen war.

Durch meinen damaligen Freund lernte ich Anfang zwanzig einen seiner engeren Freunde kennen. Bernd war gut aussehend, charmant, intelligent, schon damals sehr erfolgreich und irgendwie anders. Er hatte eine außergewöhnliche, einnehmende und sehr überzeugende Art.

Eines Tages ergab es sich, dass aus einem geplanten Essen zu dritt ein Abend zu zweit wurde. Bernd und ich. Und dieser Abend war lang, unverhofft offen, extrem gesprächsintensiv und erstmals wirklich persönlich.

Weder vorher, noch jemals nachher sollte ich ihn so erleben.

Warum mir dieser Abend bis heute im Gedächtnis geblieben ist, war ein Satz, den er nach der zweiten Flasche Wein zu mir sagte:

"Mein festes Ziel ist es, bis 45 Alles erreicht zu haben und soviel Geld zu verdienen, dass ich dann aufhören kann zu arbeiten. Und dann tue ich nur noch, was ich will!"

Mit Anfang 20 fand ich diese Aussage, um nicht zu sagen, Ansage extrem beeindruckend. Noch beeindruckender war allerdings, wie ernst er es tatsächlich damit meinte.

Zu spüren, war das schon an dem Abend, aber er hat seinen Worten wirklich Taten folgen lassen. Er hat beharrlich an diesem Ziel gearbeitet und war damit auch extrem erfolgreich.

Allerdings wurde er auch als kalt und ziemlich gnadenlos im Umgang mit seinen Mitmenschen beschrieben.

Bis....ja bis ihm irgendwann die Unberechenbarkeit des Lebens dazwischen kam. Mit 45 war er - zumindest nach seinen Vorgaben - pleite und hat sich vor einen Zug geworfen.

Welch drastische Maßnahme!

Bis zum Schluß hat er auf großem Fuss gelebt und als das Geld alle war seinem Leben ein Ende gesetzt. Nicht aus Verzweiflung, sondern weil er sein selbst gestecktes Ziel nicht erreicht hat!

Das nenn ich mal konsequent! Auch das hat mich beeindruckt.

Für eine Überzeugung zu sterben kann ja durchaus hehre Aspekte haben. So wie der junge Romeo lieber den Tod wählt, als ohne seine Julia zu leben. Auch kann ein Freitod zum Schutze Anderer gewählt werden. Aus Überzeugung, oder Glauben.

Doch muss man sich natürlich die berechtigte Frage stellen, ob man seinem Leben gleich ein Ende setzen muss, nur, weil man nicht bekommt, was man sich vorgenommen hat?

Zum Glück entscheiden sich hier die meisten Menschen anders. Versuchen sich anzupassen und die neuen Gegebenheiten so zu nehmen, wie sie sind.

Narzissten können das aber nicht!

Sie sind abhängig, süchtig und damit angewiesen auf Erfolg und Anerkennung. Sie können nicht umdenken. Zumindest dann nicht, wenn sie ihr wahres Selbst einholt.

Jeder andere Mensch wird in solchen Situationen auf sich Selbst zurück geworfen, hat dadurch aber auch die Chance, umzudenken, sich anzupassen und damit zu überleben.

Das aber bleibt einem Narzissten versagt. Da ist ja kein echtes Ich, oder Selbst.Und wenn sie erstmal an diesem Punkt angelangt sind, stürzt Alles zusammen.

In der Psychologie wird dieser Zustand als NARZISSTISCHE KRISE bezeichnet und endet auffallend oft mit Selbstmord.

Und das ist immer besonders schlimm für die Hinterbliebenen.

Seinem Leben ein selbstbestimmtes Ende zu setzen, ist immer auch ein Akt größt möglichen Egoismus. Selbst wenn dieser zum Schutze Anderer dienen soll, aus tiefster Verzweiflung oder gesundheitlicher Aussichtslosigkeit geschieht.

Denn er schließt Andere eben aus und hinterläßt oft viele Fragen, Vorwürfe und unbedingt auch das Gefühl, demjenigen nicht wirklich nah gewesen zu sein. Ihn nicht verstanden und gekannt zu haben. Ein solches Ende nicht geahnt zu haben.

Natürlich kann hinter einem Freitod oft ein lebenslanges Leid, eine tiefe Traurigkeit, Depressionen und eine nicht zu ertragende Qual stecken. Bei narzisstischen Selbstmorden ist das nicht so. Vielmehr ertragen sie die scheinbare Aussichtslosigkeit des Jetzt nicht. Dem Moment, an denen ihn klar wird in ihrer Bedürfnisbefriedigung gescheitert zu sein. Da es Narzissten jedoch an Reflexion ihrer Vergangenheit mangelt und ein echter Plan für die Zukunft fehlt, wird dieser Moment so heftig wahrgenommen. (PRISONERS OF PRESENCE)

Und es kommt wieder der Aspekt von Macht und Kontrolle dazu.

Während Andere aus Verantwortung und Mitgefühl ihrer Umwelt gegenüber die Qual ihres eigenen Lebens oft solange ertrugen, bis es ihnen nicht mehr möglich ist, geht es bei narzisstischem Selbstmord um das persönliche Scheitern.

Warum auch sollten sie in ihrem selbst gewählten Tod plötzlich Eigenschaften zeigen, die sie Zeit ihres Lebens nicht besaßen? Ein letzter Akt der Selbstbestimmung.Ein weiterer Schutz des kleinen Kindes, dass in ihnen ruht.

Ich bekomme nicht, was ich will - also werf ich mich auf den Boden, trommel mit den Fäusten und schrei. Und wenn das auch nicht mehr hilft, dann ziehe ich mich ganz aus dieser Situation zurück. Alles ist besser, als nach all den Jahren des Versteckspiels wieder zum verletzten Kleinkind zu werden.

Narzissten hören nicht zu! Nicht mal sich selbst! Nicht mal ihrer kleinen fragilen Kinderseele.

Verdrängungskünstler bis zum Schluß.

NARZISSTEN, PSYCHOPATHEN, SERIENKILLER

Ein interessanter, aber auch schwieriger Aspekt, sind die vielen Parallelen und Gemeinsamkeiten unterschiedlicher psychischer Störungen. Was oft dazu führt, dass diese nicht mehr klar voneinander abgegrenzt werden. Dies ist aber wichtig, will man verstehen, mit was für einem Menschen man es zu tun hat und wozu er fähig ist. Für eine Diagnose bedarf es aber klarer Differenzierung und damit der Abgrenzungen der einzelne Bedeutungen und Bezeichnungen von einander. Denn neben vielen auffallenden Übereinstimmungen, gibt es eben auch entscheidende Unterschiede.

Um es daher schonmal vorweg zunehmen: Menschen mit NPS sind nicht zwangsläufig Psychopathen! Schon gar nicht aber bringen sie Leute um. Zumindest nicht bewußt!

Auf seine eigene Art mag der moderne Vampir tatsächlich als "Serienkiller" zu bezeichnen sein, aber nicht im physischen Sinn. Er missbraucht seine Opfer psychisch und emotional. Ernährt sich von deren Energien. Ein schleichender Prozess, der sehr wohl zerstörerisch ist und durchaus auch tödlich für die Opfer enden kann. Doch das ist weder die erklärte Absicht, noch das Ziel des Narzissten. Er will seine Energiequelle nicht bewußt zerstören, oder gar töten. Er braucht sie ja.

Ein Serienmörder hingegen will töten. Daraus erlangt er seine Befriedigung. Und auch Psychopathen, die nicht töten, erlangen persönliche Befriedigung in der Machtausübung gegenüber anderen Wesen. Das können auch Tiere sein. Qual, Angst, Schmerz, Demütigung und die Hilflosigkeit der Opfer bereitet ihnen Lust. Nicht jedes Mal, muss dies aber zum Tod führen. Vergewaltigungen, überhaupt gewalttätiger Missbrauch sind hierfür ein gutes Beispiel.

Auch Narzissten geht es um Macht, Opfer und Kontrolle. Aber er zieht seine Befriedigung nicht aus dem Leid, der Qual, oder gar dem Tod seiner Opfer. Seine Motivation ist eine vollkommen andere.

Die meisten Serienmörder sind tatsächlich Psychopathen und zeigen zu dem oft stark narzisstische Züge. Doch nicht die NPS macht sie zu Mördern. Und nicht jede psychopathische Störung führt zu Mord. Ein Pudel ist ein Hund. Aber nicht alle Hunde sind Pudel!

Da mir bei meinen Recherchen immer wieder ein wildes Durcheinander dieser Bezeichnungen begegnet ist, versuch ich das mal zu sortieren und Zahlen und Fakten sprechen lassen.

Circa 10% der Weltbevölkerung leidet an einen psychischen Persönlichkeitsstörung. Narzissmus nimmt dabei unter 1% ein, Psychopathen und Soziopathen, werden mit jeweils ca. 4% angegeben. Zu tatsächlichen Serienmördern habe ich keine verlässlich Angabe gefunden. Diese sollte aber noch deutlich unter der von Menschen mit NSP liegen. Zum Glück.

Die Zahlen hören sich kaum erwähnenswert an und doch reicht ein Serienmörder, um hunderte Menschen in's Unglück zu ziehen, denn neben den Opfern, betrifft dies ja noch Familie, Freunde und Partner Und 1% der Bevölkerung sind allein in Deutschland über 800.000 Menschen. Mal abgesehen von der Dunkelziffer.

Zurück zu den Gemeinsamkeiten dieser Menschen. Eigenschaften, die sie allesamt auszeichnet und die in der Summe auf die wenigsten anderen, auf normal gesunde Menschen zutrifft.

- Mangel an Empathie, oder Mitleid mit den Opfern
- fehlende Reue oder Schuldgefühle
- extrem manipulativ
- gekonnte Lügner (bis hin zur Psydologie)
- Risikobereit, Angstbefreit
- Rücksichtslos, Verantwortungslos
- frei von Moral und Ethik
- oft charismatisch, eloquent und intelligent
- Selbstherrlich, arrogant, über die Dinge erhaben
- Egoistisch, Egozentrisch, Egomanisch, Selbstherrlich
- Tendenz zu Größenwahn
- Benutzung andere Menschen/Opfer für die Befriedigung ihrer Bedürfnisse
- Befriedigung eigener Bedürfnisse als höchstes Gut
- großes Macht und Kontrollbedürfnis
- Opfer sind Objekte, keine Subjekte, schon gar nicht Menschen

Damit teilt sich der moderne Vampir tatsächlich eine ganze Reihe von charakteristische Eigenschaften, mit denen von Psychopathen und sogar Serienmördern. Und noch etwas haben sie gemeinsam: die meisten Vertreter ihrer Art sind männlich!
Der Hauptanteil, denn natürlich sind nicht nur Männer von psychischen Persönlichkeitsstörungen betroffen. Trotzdem machen sie den auffällig höheren Anteil aus. Das läßt sich auch durchaus erklären.

Zum einen sind Männer von Natur aus gewaltbereiter, als Frauen, was u.a. an einem höheren Testesteronspiegel liegt. Und das hat die Natur auch durchaus so vorgesehen.

Schwangere, Stillende, oder Mütter mit Kleinkindern eigenen sich einfach weniger zur Verteidigung, zur Jagd oder Kampf, als Männer. Des Weiteren scheint eine gestörte Mutter-Sohn-Beziehung häufiger zum Trauma zu führen, als es bei einer Mutter-, oder Vater-Tochter Beziehung der Fall ist.

Auch der erhöhte Sexualtrieb des Mannes, gepaart mit Macht und Kontrolle spielt hier sicherlich eine Rolle. Deshalb sind Frauen nicht die besseren Menschen! Sie sind nur anders. Bringen weniger begünstigende Voraussetzungen mit.

Und noch Etwas haben alle Menschen dieser Gruppe gemeinsam: die fehlende Reflexion. Und das Verhaftet sein in der Gegenwart. Im Hier, Jetzt und sofort. (PRISONERS OF THE PRESENCE).

Die spontane Befriedigung ihrer persönlichen Bedürfnisse im Jetzt und Gleich. Ohne Rückschau, ohne Bewusstsein über Konsequenzen.

Keine Reue, oder Reflexion der Vergangenheit und keine Angst, oder Befürchtung, was die Zukunft anbelangt.

Sonst würden sie es nicht tun! Nicht tun können!

Eine weitere Gemeinsamkeit, ist die "Opferrolle", die diese Gestörten gern annehmen. Heißt, nicht sie sind für ihre Taten und ihr Handeln verantwortlich, sondern das Opfer selbst ist daran Schuld. Selbst bei Mord. Diese Eigenschaft ist Bestandteil vieler toxischen Beziehungen. (BLAME SHIFTING)

Der arme Täter wird durch das Verhalten seines Missbrauchsopfers dazu "gezwungen" es zu bestrafen. Oder anders ausgedrückt, das Opfer hat es nicht anders verdient.

Diese ausgeprägte Form des BLAME SHIFTING zeigt sich besonders häufig, wenn diese Menschen in die Enge getrieben, oder angegriffen werden. Ist Bestandteil der Selbstverteidigung und Selbstdarstellung, um nicht zu sagen dem maßlosen Größenwahn dieser Menschen. Denn sie glauben daran. Sind davon fest überzeugt. Klar, denn sie kann ja keine Schuld treffen. Sie sind ja unfehlbar.

Bei allen Gemeinsamkeiten, gibt es aber auch Unterschiede! Und die gehören nunmal zum Gesamtbild der Diagnose Persönlichkeitsstörung dazu. Entscheidende Merkmale, die Menschen mit NPS von Psychopathen, oder gar Serienmördern definitiv unterscheiden.

Psychopathen, als auch Serienmörder sind sich ihrer Taten durchaus bewußt. Ja mehr noch, sie entscheiden sich ganz bewußt für ihr Handeln. Deshalb sind sie juristisch voll schuldfähig, trotz psychischer Störung. Denn eine Persönlichkeitsstörung gilt nicht als Krankheit. Wird offiziell nicht als Behinderung, oder Einschränkung definiert.

Narzissten hingegen sind sich ihrer Handlungen und deren Auswirkung oft überhaupt nicht bewußt. Sie werden tatsächlich in ihrem Handeln von der psychischen Störung geleitet, um das innere Kind zu schützen. Damit agieren sie nicht bewußt, sondern reagieren sozusagen auf ihre Seele.

Ein hoch interessanter Aspekt, wie ich finde.

Während also Menschen mit narzisstischer UND psychopathischer Störung, anderen Menschen unglaubliches körperliches und seelisches Leid zufügen können, bis hin zu Mord, werden diese juristisch als voll zurechnungsfähig und damit schuldfähig eingeordnet. Menschen mit NPS aber nicht.

Zum Einen eben, weil sie sich ihrer psychische Störung nicht bewußt sind, zum Anderen fallen sie gesellschaftlich, oder rechtlich nicht so auf.

Einen Serienmörder kann man nicht ignorieren, viele Verhaltensweisen eines Psychopathen sind strafbar, aber Menschen die durch ihre psychische Störung "nur" seelischen Schaden anrichten sind nicht haftbar.

Dabei spricht man bei toxischen Beziehungen durchaus von MISSBRAUCH und OPFER. Trotzdem ist hier einer der größten Unterschiede und Abgrenzung zu erkennen.

Moderne Vampire wissen sehr oft nicht, wie gefährlich sie für andere Menschen und deren Leben sein können. Serienmörder schon! Und Psychopathen auch. Sie entscheiden sich bewußt für ihre Handlungen zur persönlichen Befriedigung ihrer Bedürfnisse.

Ein psychopathischer Serienmörder weiß sehr wohl, dass es falsch ist Menschen zu töten, oder zu missbrauchen. Es interessiert ihn nun nicht. Seine Lustbefriedigung, die er durch den Missbrauch, die Qual, das Töten erlangt, steht weit über möglichen Konsequenzen, oder eben dem Leben Anderer.

Ein weiterer Unterschied, denn es geht bei NSP nicht um Lustbefriedigung, Ekstase, oder gar sexuelle Aspekte. Natürlich töten nicht alle Serienmörder aus sexuellen Gründen, oft geht es um die Lust am Töten selbst. Ihre unglaubliche Macht über Leben und Tod, Gottesgleich zu sein. Und sie werden süchtig nach diesem

Hochgefühl. Wollen es wieder und wieder erleben und steigern sich daher oft in ihren Handlungen und Taten.

Doch spielt dabei die sexuelle Stimulans immer eine große Rolle. Die Ausübung von Macht und totaler Kontrolle, das Lebennehmen, kann dabei durchaus den eigentlichen Akt ersetzen.

Bevor der Begriff SERIENKILLER aufkam, sprach man daher oft von TRIEBTÄTERN. Und diese Bezeichnung trifft in vielerlei Hinsicht zu. Tatsächlich sind sie Getriebenen. Der Drang zu töten, quälen und der dabei empfundenen Lustbefriedigung ist so hoch, dass sie es immer wieder tun müssen. Angetrieben von den beiden Urtrieben jedes Lebewesens: Selbsterhalt und Fortpflanzung.

Dem Kampf zu überleben und Sex.

Nur in dieser Kombination erfährt der TRIEBTÄTER seine Lust. Beides gehört unmittelbar zusammen und treibt ihn an. Tod, Qual und sexuelle Stimulation. Sexuelle Macht im Angesicht des Todes.

Trotz vieler Ähnlichkeiten, unterscheidet sich der moderne Vampir in diesem Punkt. Er wird nicht von sexuellen Phantasien bei seinem Handeln motiviert. Er ist weder süchtig danach, noch Mordlustig. Er ist eher bedürftig. Es geht ihm um eine Nahrungsquelle. Um sein eigenes Überleben. Wenn dabei einige seiner Opfer auf der Strecke bleiben, war dies nicht beabsichtigt. Nicht das Ziel.

Im Gegenteil, er will ja gar nicht, dass seine Lebens- und Energiequelle versiegt. Nur wenn sie ihn nicht mehr nährt, mag er sich von ihr abwenden, aber er tötet sie nicht.

Psychopathen und Serienmörder sind häufig äußerst talentierte Schauspieler, schlüpfen in Rollen, die sie der Umwelt, oder ihren Opfern vorspielen. Als bewußte Tarnung. Da sie sich ihrer geheimen Lust sehr wohl bewußt sind, aber nicht vorhaben diese zu kontrollieren, müssen sie ihre Taten solang wie möglich verstecken.Sie wollen diesem Drang so lang und oft wie möglich nachgehen. Also lernen sie, Anderen etwas vorzumachen und in die Rolle eines braven Bürgers zu schlüpfen.

Das kann der Narzisst nicht! Er lebt ja schon in einer versteckten Rolle und er haßt Veränderungen, was diese subtile Thema anbelangt. Auch tarnt sich der moderne Vampir nicht bewußt. Er ist, was er ist.

Wer immer noch Zweifel daran hegt, wie man bitteschön zum Opfer eines toxischen Menschen werden kann und dies nicht merkt, dem empfehle ich unbedingt mal eine Dokumentation über TED BUNDY anzuschauen. In diesem Fall: Amerikas bekanntester

Serienmörder. Um nicht zu sagen, nach JACK THE RIPPER der wohl weltweit Bekannteste.

Nicht, weil er die meisten Opfer zu verzeichnen hat. Auch nicht, weil er besonders brutal, oder ungewöhnlich in seinen Morden war. Nein, ungewöhnlich ist TED BUNDY selbst. Seine Person, seine Erscheinung, sein Auftritt!

Wer wissen will, wie geschickte Manipulation und Täuschung aussieht, sollte sich unbedingt mal genauer mit TED BUNDY auseinandersetzen. Denn es fällt unglaublich schwer, diesen gut aussehenden, charmanten, eloquenten und charismatischen Mann mit seinen brutalen Taten in Verbindung zu bringen.

Und wir reden von mindestens 30, geschätzt eher 70 Opfern, die auf's grausamste gefoltert, getötet und missbraucht wurden.

Dabei geht es mir in diesem Fall um die gemeinsamen Eigenschaften, die sich Serienkiller mit Narzissten teilen. Manipulation, Überzeugungskraft und BLAME SHIFTING .

Ein Mensch, der große Schuld trägt, diese aber so überzeugend leugnet, dass es trotz eindeutiger Beweislage immer wieder zu Zweifeln kam.

Gerade Serienmörder machen deutlich welche Auswirkungen bestimmte Eigenschaften auf das Handeln der betreffenden Person hat. Wie zum Bespiel das Fehlen von Empathie.

Es ist schwer, Menschen zu meucheln, wenn man dabei deren Angst, Schmerz und Gefühle an sich heran läßt.

Man kann keine Menschen quälen, wenn man Mitgefühl oder gar Mitleid empfindet. Schlicht unmöglich.

Hier wird das Eigeninteresse nicht nur über das der Opfer gestellt, sondern die Opfer berühren ihren Peiniger tatsächlich in keinster Form. Das ist mit Mangel an Empathie gemeint. So sieht das im schlimmsten Fall aus, ja macht das Handeln erst möglich.

Genauso, wie die fehlenden Schuld und Reue. Wäre ja fatal, wenn ein Serienmörder von solchen Gefühlen gepeinigt wär. Dann würde er auch nicht zum Wiederholungstäter werden, genau das macht aber einen Serienkiller aus.

Das Eine, bedingt das Andere. Aus Mangel an bestimmten Gefühlen, können solche Verhaltensweisen und Handlungen überhaupt erst gezeigt und wiederholt werden.

Auch ein Serienkiller hat ein überhöhtes Ich. Fühlt sich Gott gleich, wenn er Leben nimmt. Allerdings weiß er im Gegenteil zum Narzissten, dass es falsch ist. Deshalb verwischt er ja auch geschickt seine Spuren. Läßt die Leichen auf geradezu absurde Weise verschwinden, was ihm oft genug eine weitere Befriedigung bereitet. Und obwohl Serienmörder wissen, dass es falsch ist, was sie tun, machen sie solange weiter, bis sie gefasst werden. Oder auch nicht. Jack the Ripper, oder auch der Zodiak-Killer z.b. wurden nie gefasst.

Die vielen Gemeinsamkeiten mit NSP verstören, erklären in dieser drastischen Form aber besonders gut, wie sich diese Eigenschaften und Gemeinsamkeiten der psychischen Störung auf Andere auswirken können.

Psychopathen stellen eine Art Schnittstelle dar und sind nicht so ganz eindeutig zu zuordnen. Die meisten Serienkiller sind Psychopathen und auch NPS kann psychopathologische Züge annehmen. Doch beides ist nicht zwangsläufig so.

Psychopath bedeutet streng genommen ja auch nur, dass die Psyche krank ist. Wörtlich genommen. Also Geisteskrank, auf deutsch. Aber genau das sind sie eben nicht!

Krank wäre eine Schizophrenie. Auch eine dissoziative Identitätsstörung (multiple Persönlichkeit) kann in vielen Punkten den Bestand krankhaften Verhaltens erfüllen. Fremdbestimmt. Nicht bewußt. Eine psychische Störung hingegen, gilt offiziell nicht als psychische Erkrankung und kann auch nicht mit Medikamenten behandelt werden.

Zudem ist sie schwer therapierbar. Was u.a. daran liegt, dass diese Menschen hochgradig manipulativ sind und gelernt haben perfekt zu lügen und zu täuschen. Außerdem wollen sie sich ja gar nicht ändern.

Und wo sollte man ansetzen, wenn ein Mensch zwar weiß, das es falsch ist, was er tut, es ihn aber nicht interessiert? Und er auch gar nicht vorhat, auf dieses „Vergnügen" zu verzichten!

Wie kann man auf Einsicht, Verständnis oder gar Reue appellieren, wenn da nichts ist? Zumal sie hochgradig Süchtige sind.

Es ist schwer genug Süchtige dauerhaft und freiwillig von einer Droge zu lösen. Aber wie will man Tötung, Folter, Leid und Qual substituieren? Welche Alternative bietet man da an? Und wie verfährt man mit dem hohen Lustfaktor und der sexuellen Erregung dabei? Kein Serienkiller wird sich je freiwillig in Therapie begeben. Aber selbst wenn, fehlen die Ansatzpunkte, die zum Erfolg führen könnten. Dies gilt auch für moderne Vampire! Wenngleich Mord und sexuelle Befriedigung nicht gegeben sind!

Woher meine Faszination für Serienkiller? Es ist weniger eine Faszination, als ein Wissensdurst!

Es ist die Frage nach dem WARUM. Warum begehen normale, gesunde Menschen solch abscheuliche Taten? Denn sie gelten ja nicht offiziell als krank! Und doch sind ja ihr Verhalten und ihre Taten durchaus als krank zu bezeichnen. Was also treibt sie an? Wie kann das passieren?

Mit dieser Frage beschäftigt sich auch die Wissenschaft seit Jahrzehnten. Wenn keine sichtbare, meßbare physische Dysfunktion vorliegt, warum entarten diese Menschen dann derart? Handeln wider der menschlichen Natur. Und wie kann man sowas rechtzeitig erkennen, um es bestenfalls zu verhindern?

Diese Menschen sind eben nicht- qua Definition - psychisch krank. D.h. sie können weder operiert, noch medikamentös behandelt werden. Sie sind nicht dumm, zurückgeblieben, oder sonst wie gesellschaftlich auffällig. Außer, dass sie ein perfides Geheimnis haben: sie empfinden extreme Lust daran Menschen zu töten!

Um es mit den Worten von TED BUNDY auszudrücken:"Weil es Spaß macht!"

Was muß passieren, dass man - in seinem Fall - die brutale Ermordung, Folter, Vergewaltigung und komplette Mißachtung eines anderen Lebens, als Spaß bezeichnet?

Und so jemand gilt als voll zurechnungsfähig und psychisch gesund! Da liegt "nur" eine Störung vor - keine echte psychische Beeinträchtigung. Voll schuldfähig!

Mein Vampir war weder psychopatisch, noch ein Serienmörder. Wie die meisten Narzissten, die "nur" NPS haben. NPS ist juristisch nicht als Gefahr für kriminelle Handlungen einzuordnen. Das sei hier nochmal ausdrücklich erwähnt!

Trotzdem können die Gemeinsamkeiten dieser Störungen nicht gänzlich ignoriert werden. Und Teil der Antworten nach dem Warum liegt in der Antwort Jener, die einen extremen, oder fehlgeleitet Narzissmus zeigen. Eigenschaften einer klassischen NPS, die durch zusätzliche Störungen, wie Sadismus, Psychopathie, oder dissozialer Veranlagung durch ihre Multiplikation derart eskalieren, dass sie zu Serienkillern werden.

Und wieder die Frage, nach der Henne und dem Ei. Was bedingt was?

Deshalb sei hier der Serienmörder DENNIS RADER erwähnt - besser bekannt als BTK (Bonding-Torture-Kill) Auf Deutsch: Fesseln-Foltern-Töten.

Den Namen hat er sich übrigens selbst gegeben, was ungewöhnlich ist. Genauso ungewöhnlich, wie seine Taten, sein Verhalten und seine Historie. DENNIS RADER hat eine ganz normale Kindheit in einem stark christlich orientierten Elternhaus gehabt. Keine Scheidung, kein Missbrauch, keine offenkundige Vernachlässigung, oder Mangel an Liebe. Nichts dergleichen, ganz normal! Er war mit ein und der selben Frau verheiratet, hatte 2 Kinder, war regelmäßiger Kirchgänger, sogar Vorstand der kirchlichen Gemeinde, leitete die Pfadfindergruppen und hatte immer einen Job. Ein durchschnittlicher Amerikaner.

Bis auf die Tatsache, dass er von Fesslung und dem Angstausdruck von Menschen in Angesichts des Todes, oder bei Erleiden von Folter so besessen war, dass er dies 10 Mal ausübte. Fesseln-Folter-Töten! Über 30 Jahre verteilt und auch das ist ungewöhnlich. DENNIS RADER machte Pausen zwischen seinen Morden, um sich um seine Familie zu kümmern. Am bemerkenswertesten an ihm ist jedoch sein extrem stark ausgeprägter Narzissmus.

Und deswegen findet er hier eine gesonderte Beachtung. BTK hat stets die Medien und die Polizei über seine Taten informiert. War beleidigt, wenn man einem weiteren Mord zu wenig Beachtung schenkte, oder sogar einen falschen Verdächtigen hatte.

BTK war stolz auf seine Taten und erwartete den nötigen Respekt dafür. Auch nach seiner Verhaftung genoß er es sichtlich im Lampenlicht zu stehen. Ähnlich, wie TED BUNDY.

Selbst im Gerichtssaal genießen sie das Rampenlicht. Den Focus auf ihre Person. Heischen nach Anerkennung und Ruhm. Extrem narzisstisch. Sicherlich spielen hier auch ihre psychopathische Züge eine Rolle, vor Allem aber werden beide Serienmörder als extreme Narzissten beschrieben. Und darunter finden sich noch etliche mehr unter den bekanntesten Serienkillern.

Nicht der Narzissmus hat sie zu Serienkillern werden lassen, aber er hat sie weiter machen lassen. Stellte, wie im Fall von BTK eine enorm starke Antriebsfeder dar.

Eines seiner erklärten Lebensziele war es, so berühmt zu werden wie TED BUNDY!

Noch etwas unterscheidet BTK von anderen Serienkillern. Er hat seine Opfer nie vergewaltigt. Und darauf war er stolz. Ja mehr noch,

er fand Vergewaltigung despektierlich! Also quälen, foltern, morden ja, aber Vergewaltigung fand er abartig.
So kann nur ein völlig unreflektierter Mensch denken. Ein Extrem-Narzisst.
Dabei war er bei seinen Taten durchaus sexuell stimuliert. Das bezog sich aber ausschließlich auf die Tat an sich. Angefangen beim Fesseln - gesteigert durch die Folter - als Höhepunkt der Mord.
Ein Narzisst par Exelence, der sich ohne Reue und Schuldgefühl nimmt, was ihn glücklich macht. Ohne einen Gedanken an das Leid seiner Opfer und deren Familien. Ohne jegliches menschliches Empfinden dafür. Me, Myself and I!
Unvorstellbar, schrecklich und kaum nach zu vollziehen und trotzdem blieben viele solange unentdeckt, weil man es ihnen schlichtweg nicht zugetraut hat. Man ihnen diese grausame Seite ihrer Person nicht ansieht.
Viele von ihnen sind immer wieder, trotz Verdachtsmomenten, frei aus polizeilichen Untersuchungen heraus gekommen. Das "Böse" hat kein Gesicht.
Wer also immer noch glaubt, man könnte eine psychische Störung sofort erkennen und solche Menschen erfolgreich meiden, irrt gewaltig! Selbst ihre Lebenspartner, oder Kinder hatten nicht die leiseste Ahnung, mit wem sie da ihr Leben teilten.
GARY RIDGEWAY ist als Greenriver Killer mit 50 Todesopfern in die traurige Mordgeschichte Amerikas eingegangen. 20 Jahre lang hat er - unentdeckt - sein Unwesen in Seattle getrieben. Und obwohl er mehrfach in den Focus der Polizei geriet, rettet ihn immer wieder seine unauffällige Erscheinung, sein freundlicher Auftritt, sein guter Ruf in der Nachbarschaft.
JOHN WAYNE GACY, bekannt als der Clown-Killer, war ein angesehenes Mitglied seiner Gemeinde. Politisch aktiv, zwei Mal verheiratet, Vater, beruflich erfolgreich und galt als extrem sozial engagiert.
So gab er regelmäßig für Kinder im Hospiz, oder Krankenhaus als Clown verkleidete Vorführungen. Daher der Name....
27 Leichen fand man nach Jahren in seinem Keller, für weitere 6 war er verantwortlich. Ausnahmslose junge Männer, was auch seine - bis dahin nicht bekannte - sexuelle Neigung offenbarte.

Und das gilt für viele Serienkiller. Sie sehen nicht aus, wie die Monster, die sie sind. Nette Typen von nebenan. Selbst pädophile Killer haben oft eigene Kinder und gelten als gute Väter.

Das "Böse" sieht man nicht immer. Und selbst, wenn man es weiß, ist es teilweise schwer, sich vorzustellen, wozu diese Menschen fähig waren.

TED BUNDY gelang 2 mal die Flucht aus der Haft, obwohl bekannt war, wer er war! Obwohl man Jahre lang verzweifelt nach diesem brutalen Mörder gesucht hat. Wie ist ihm das gelungen, wenn doch bereits bekannt war, wozu dieser Mann fähig ist? Wie konnte er selbst in der Haft so überzeugend weiter täuschen, dass ihm gleich 2x die Flucht gelang?

Auch TED BUNDY hat sozial für eine Suizid-Hotline gearbeitet. Half verzweifelten Menschen, die freiwillig in den Tod gehen wollte, um später Anderen absolut unfreiwillig und mit viel Leid das Leben zu nehmen.

Neben TED BUNDY, waren auch RICHARD RAMIREZ, bekannt als, der Nightstalker (13 Todesopfer innerhalb eines Jahres), oder RODNEY ALCALA (Für 7 Morde verurteilt, jedoch 130 geschätzte Todesopfer, darunter Kinder) äußerst attraktive Männer.

Mit vielen "Bewunderern" und Fans, auch nach ihrer Verurteilung. Vor Allem Frauen. Obwohl die meisten Opfer Frauen waren, die aufs brutalste missbraucht und ermordet wurden.

Mir geht es hier nicht um die Faszination für Serienkiller.

Mir geht es um Menschen mit einer psychischen Störung und deren ungeheure Manipulationsfähigkeit.

Um ein wohlgehütetes Geheimnis, was dies Menschen so geschickt verbergen können, dass ihnen niemand auf die Schliche kommt. Selbst bei Mord. Und damit geht es auch um die Opfer, die sich oft tatsächlich freiwillig auf diese Menschen eingelassen haben.

Selbst auf Serienmörder. Nicht brutal überfallen wurden, sondern häufig bereitwillig mitgingen.

Die tödliche Mischung aus narzisstischer, dissozialer und psychopathischer Störung zeigt am eindrucksvollsten, wozu diese Menschen fähig sind und wie weit sie gehen können.

Hier geht es nicht um geistig kranke, oder psychisch nicht zurechnungsfähige Menschen. Im Gegenteil, es geht um Menschen, die zwar auf Grund eines Traumas ein schwere Störung entwickelt haben, aber sehr wohl wissen, was sie tun.

Der große Unterschied zu einer NPS, was zum Ende dieses Kapitels nochmals in aller Deutlichkeit gesagt sein soll.

Moderne Vampire sind zwar ebenfalls gekonnte Strategen, geschickte Manipulatoren, perfide Lügner, aber sie haben kein bewußtes Ziel. Sie schaden anderen Menschen, missbrauchen ihre

Opfer auf ihre Art, aber das ist nicht das erklärte Ziel. Sie handeln unbewußt und es ist schwer überhaupt von einer Absicht zu sprechen. Sie schaden eher unabsichtlich, nur aus Selbsterhalt.

Daher der größte Unterschied zum Schluss:

Die große Verletzlichkeit moderner Vampire.

Ihre Welt, ihr Sein steht auf einer so fragilen Basis, dass sie extrem angreifbar und verletzbar sind. Ihr Selbstwertgefühl ist leicht zu erschüttern, da sie über die Maßen abhängig von Erfolg und Anerkennung sind.

Hierfür spricht auch die hohe Selbstmordrate von Menschen mit NPS, die sich nicht in den beiden anderen Gruppen widerspiegelt.

DIE GRAUE MASSE

Da viele psychische Störungen Einfluß auf ihre Umwelt nehmen und teilweise sogar großen Schaden anrichten können, beschäftigt sich natürlich auch die Forschung intensiv mit diesem Thema.

Vor Allem weil eine Störung kein klassisches Krankheitsbild aufweist und deshalb so schwer zu behandeln ist.

Gibt es körperliche Schwächen, Dysfunktionen, oder Mängel, kann dies meist - leider nicht immer - medikamentös behandelt werden.

Durch eine OP gerichtet, oder durch sonstige medizinische Maßnahmen unterstützt werden, die eine Heilung begünstigen.

Und psychische Erkrankungen können auch therapeutisch von entsprechenden Spezialisten betreut, unterstützt und behandelt werden. Das Alles ist bei einer psychischen Störung aber nicht, oder nur bedingt möglich.

Ein äußerst interessantes Phänomen. Denn auf der einen Seite können die meisten Störungen sehr wohl typische Eigenschaften zugeordnet werden, die sie als solche klassifiziert.

Auf der anderen Seite hilft dieses Wissen nicht sehr viel. Zumindest vom wissenschaftlichen, psychologischen und medizinischen Standpunkt aus betrachtet. Denn es gibt kaum einen verlässlichen Ansatzpunkt.

Zudem weisen ja gleich mehrere psychische Störungen ähnliche Symptome auf.

Wie z.B. die mangelhaft ausgeprägte Gefühlswelt, bis hin zum Fehlen jeglicher Empathie.

Das Unvermögen Nähe zu ertragen, Berührungen zuzulassen, oder Vertrauen zu anderen Menschen aufzubauen.

Wie bereits erwähnt, gilt dies oft auch für Borderliner, Psychopathen und Soziopathen. Selbst für Autisten, wobei diese gesondert zu betrachten sind, da hier tatsächlich auch die Genetik eine Rolle spielt.

Und die Frage der Genetik treibt die Wissenschaftler seit Jahrzehnten bei psychischen Störungen um.

Wie entstehen diese Mängel, außerhalb psychologischer Aspekte?

Gibt es nachweisbare Hinweise darauf, wer zum Narzissten, oder Psychopathen wird? Kann man vielleicht sogar einen Serienkiller rechtzeitig erkennen und ausschalten?

Beim jetzigen Stand der Dinge lautet die Antwort leider NEIN!

Nicht umsonst hat man aus der Neuauflage des ICD (International Classification of Deases) NPS heraus genommen.

Weil es zuviele Überlappungen mit anderen Störungen gibt und weil auch die narzisstische Störung unterschiedlich starke Ausprägungen hat.

So gibt es neben den normal narzisstisch veranlagten Menschen , den "Wald-und-Wiesen-Narzissten" wie ich sie nenne, auch unterschiedliche Typen von NPS. (Verdeckter, vulnerabler, grandioser Narzisst)

Und in einer zunehmend narzisstischen Gesellschaft, ist besonders der Übergang zu einer Störung wichtig, aber ebenso schwierig zu erkennen. Oder überhaupt klar zu definieren.

Wann handelt es sich einfach um ein narzisstisch geprägtes Verhalten und ab wann spricht man tatsächlich von einer psychischen Störung?

Einige typischen Eigenschaften machen einen narzisstisch veranlagten Menschen noch nicht zu einem Gestörten. Sehr wohl aber die typischen Verhaltensweisen der RED FLAGS, denn diesem Muster folgen sie Alle. Wenn auch oft sehr gut versteckt, vor Allem, da NPS nach wie vor nicht ausreichend bekannt ist und erkannt wird. Noch schwieriger, wenn der „verdeckte Narzisst", sich dahinter versteckt.

Dennoch gibt es natürlich diverse Studien zu diesem Thema und durchaus auch Ergebnisse.

So ist beispielsweise bekannt, das bei Autisten die Funktion von SPIEGELNEURONEN stark beeinträchtigt ist.

Spiegelneuronen besitzt eigentlich jedes Lebewesen, weil sie für einen entscheidenen Aspekt des Lernens verantwortlich sind: Beobachten und nachahmen. Wir meiden das, was unsere Eltern meiden und tun das, was unserer Eltern tun. Auch im Tierreich ein überlebenswichtiger Lernprozess!

Welchen Pflanzen sind essbar, welche giftig? Welche Tiere gefährlich, welche harmlos und wie verhalte ich mich bei Gefahr? Bei all diesen Lernprozessen spielen funktionierende Spiegelneuronen eine wichtige Rolle.

Und natürlich haben sie auch großen Einfluß auf unser Sozialverhalten! Das gilt sogar Artübergreifend.

Viele unserer Haustiere haben gelernt uns Menschen zu lesen und zu verstehen, ohne das wir der selben Spezies angehören, sie es also nur bedingt von ihren Eltern gelernt haben können. Bedingt, weil vielleicht schon die Elterntiere dieses Verhalten adaptiert haben.

Bei vielen Hunden ist beispielsweise bekannt, dass sie zur Begrüßung ihrer Menschen ein "Lächeln" zeigen. Fast immer werden im Begrüßungsritual bei Hunden die Lefzen zurückgezogen, ich spreche aber tatsächlich von einem - äußerst lustig aussehenden - „Lächeln". Dalmatiner sind für diese Verhaltensweise bekannt, sie wird aber auch von diversen anderen Hunden immer wieder gezeigt. Beobachten und Nachahmen! In diesem Fall Art übergreifend. Bei Narzissten ist die gesunde Nutzung der Spiegelneuronen definitiv gestört. Kein natürlicher Lernprozess von Beobachten und Nachahmen, sondern eher ein gezieltes beobachten und ausnutzen. Das hat aber nur bedingt etwas mit Spiegelneuronen zu tun. Zum Einen, weil gar nicht so klar ist, ob es an dem Fehlen dieser Neuronen liegt, oder an deren Nutzung, bzw. an einer Störung neuraler Prozesse. Und all dies gilt unbedingt auch für die Fähigkeit Empathie entwickeln zu können. Und daran vor Allem mangelt es all den genannt psychisch Gestörten.

Nicht mal in der Definition von NPS sind sich Länder und Wissenschaftler einig. Die Einen beschreiben NPS als einen krankhaften Mangel an Selbstwertgefühl. Die Anderen, als ein krankhaft übertriebenes Selbstwertgefühl.
Beides richtig und falsch zugleich.
Der vorhandene und erlernte Mangel an Selbstwertgefühl, ausgelöst durch eine kleinkindliche Wahrnehmung, führt zu der Maskerade eines vollkommen unrealistischen Selbstbildes im Erwachsenenalter, einem überzogenen Selbstwertgefühls.
Der große Widerspruch des Narzissten!
Korrekt wäre meiner Ansicht nach also die Beschreibung "unrealistisches Selbstbild", denn das gilt für beide Richtungen. Für Ursache und Wirkung.
Aber auch die verschiedenen Erscheinungsbilder und unterschiedlich stark ausgeprägten Verhaltensweisen von Narzissten, macht eine genaue Klassifizierung so schwer.
Mal abgesehen vom ganz normalen "Wald-und-Wiesen-Narzissten" und einer zunehmend narzisstischen Gesellschaft.
Wahrscheinlich einer der Gründe, warum NPS in der Neuauflage des ICD herausgenommen wurde. Hinzu kommt die Ähnlichkeit mit anderen, bereits mehrfach erwähnten psychischen Störungen.
Hier verschwimmen die Grenzen in einem hohen Maße und sind nur noch schwer zu zuordnen.
Aber natürlich gibt es auch diverse Untersuchungen zu dem gemeinsamen Thema mangelhafte EMPATHIE, unterentwickeltes

Mitgefühl, eingeschränktes Gefühlsspektrum. Und hier kommt die GRAUE MASSE auch Graue Substanz genannt ins Spiel.

Die graue Substanz findet sich in der Großhirnrinde, im äußeren Bereich des Cortex. In einer Inselregion dieser Substanz wird die Fähigkeit für EMPATHIE gebildet.

In Studien konnte nachgewiesen werden, dass diese bei Menschen, die an NPS leiden viel dünner ausfällt. Hier fehlt es also sprichwörtlich an Substanz.

Aber ob diese Menschen schon so geboren wurden, oder sich dieser Bereich im Laufe der Zeit zurückentwickelt, verkümmert bzw. gar nicht erst aufgebaut hat, kann nicht beantwortet werden.

Wie auch? Denn als Relevanz müßte man 1000 von Kleinkindern durchs MRT schicken, um Jahrzehnte später anhand ihrer Entwicklung einen Zusammenhang herstellen zu können. Bei einer Wahrscheinlichkeit eine pathologische NPS zu entwickeln, die unter 1% liegt, ein schwieriges und unrealistisches Unterfangen.

Ein weiterer spannenden Aspekt der grauen Substanz ist der Fakt, dass sie verantwortlich ist für die Wahrnehmungsfähigkeit und Intelligenz eines Menschen. Und schon lande ich wieder bei den Serienkillern. Psychopathen, Soziopathen und oft extreme Narzissten! Denn in der Tat weisen viele Serienkiller einen ungewöhnlich hohen Intelligenzquotienten (IQ) auf.

Auffallend viele, wenn man bedenkt, wie klein diese Gruppe prozentual betrachtet ist.

Ab 130 gilt ein IQ als überdurchschnittlich und fällt bereits in den Bereich der Hochbegabung. Einen IQ von 145 erreichen nur ca. 0,25% aller Menschen.

Albert Einstein und Stephen Hawkins liegen bei einem IQ von 160, um dies in Zahlen wieder zu geben.

Und nun ein paar sehr bekannte Serienkiller im Vergleich.

TED BUNDY (IQ 136)
EDMUND KEMPER (IQ 145)
JEFFREY DAHMER (IQ 144)
RODNEY ALCALA (IQ 140)

Tatsächlich fand man heraus, dass die GRAUE MASSE in den Bereichen, die für die Intelligenz verantwortlich ist, bei Menschen mit einem hohen IQ dicker ist.

Also im Bereich EMPATHIE dünner, in dem für Intelligenz dicker.

Gibt es hier einen physiologischen Zusammenhang? Offensichtlich wieder NEIN.

Denn Erstens sind nicht alle Psychopathen, Borderliner, Narzissten, oder auch Serienkiller überdurchschnittlich intelligent. Und Zweitens weisen nicht alle untersuchten Gehirne von Serienkillern überhaupt eine erwähnenswerte Veränderung auf. Allen voran JEFFREY DAHMER. Der größte Psychopath von Allen. Mit einer vollkommen normalen Kindheit! Bis heute ein großes Fragezeichen. Auch für seine Eltern.

Gern liest man, Narzissten fehle es an Hirn. An Hirnmasse in bestimmten Regionen. Beim jetzigen Stand der Forschung ist das richtig und falsch zugleich, denn es fehlen viele Ergebnisse, vor Allem aber die Erklärungen. Die logischen Zusammenhänge. Ist die Hirnsubstanz in dem Bereich, der für Empathie verantwortlich ist, so dünn, weil sie schon so geboren wurden? Was bedeuten würde, dass sie ja gar nicht anders können und damit eindeutig physiologisch krank sind. Was sie ja laut Definition eben nicht sind. Nur gestört.

Oder ist dieser Bereich aufgrund von fehlender Nutzung im Laufe der Zeit verkümmert? Oder Beides? Ist es genetisch fixiert, oder an- bzw. abtrainiert? Und wo liegt dann der Unterschied zu anderen Störungen wie Borderline, oder auch Autismus? Wer oder Was ist verantwortlich für das Fehlen von Spiegelneuronen, bzw. für dysfunktionale neurologische Prozesse in diesem Bereich?

Um es mal ganz klar zu sagen, wäre die Forschung und Wissenschaft bereits soweit, wären all diese Störungen viel besser heilbar und klar zu definieren. Sind sie aber nicht!

So wenig, dass man NPS aus dem Katalog der ICD-11 heraus genommen hat.

Schade! Aber beim jetzigen Stand der Dinge durchaus nachvoll-ziehbar.

Die Gefahr einer Fehldiagnose ist einfach zu hoch. Zu ähnlich sind sich viele psychische Störungen und dennoch vollkommen unterschiedlich. Vor Allem müssen sie vollkommen anders behandelt und therapiert werden. Für deren Erfolgsaussicht eine richtige Diagnose ausschlaggebend ist.

Einige Stimmen behaupten dennoch, dass NPS genetischen Veranlagungen folgt. Dafür gibt es aber bislang keine zuverlässigen Beweise, meinen Recherchen zu Folge. Wäre es so, hätte man einen wichtigen Ansatzpunkt, auch was die Therapie anbelangt.

Richtig ist lediglich, dass Elternteile mit NPS ihre Kinder einem nicht zu unterschätzenden psychischen und emotionalen Missbrauch aussetzen. Und dass dies die Entwicklung eines frühkindlichen

Traumas in starkem Maße begünstigt. Woraus sich auch eine NPS entwickeln kann. Kann! Nicht muss!

Dies gilt aber auch für Kinder, deren Eltern nicht narzisstisch veranlagt waren, oder gar selbst unter NPS litten und trotzdem selbst eine NPS entwickeln. Also ebenfalls kein verlässlicher Indikator.

Ob NPS vererbbar ist, bleibt aus meiner Sicht eine offene Frage. Vor Allem ob diese genetische Veranlagung nachweisbar ist.

JEKYLL UND HYDE

Der seltsame Fall des Dr. Jekyll und Mr. Hyde. So lautet der Buchtitel, einer frei erfundenen Geschichte, die im viktorianischen London spielt.

Dr. Jekyll ist ein angesehner, anständiger und ehrbarer Bürger, der im Zuge seiner wissenschaftliche Versuche einen Trank erschafft, der es ihm ermöglicht eine andere Person in sich zum Vorschein zu bringen. Diese Person nennt er Mr. Hyde.

Mit i geschrieben, also Hide, wird das Wort im Englischen identisch ausgesprochen, erhält aber eine neue Bedeutung. Denn hide bedeutet im Englischen: versteckt, verborgen.

Und genau das ist MR.HYDE, eine verborgene Seite des DR.JEKYLL. Das Tier in ihm. Ein animalisches Wesen, dass seinen unterdrückten Trieben nachgeht und irgendwann auch einen Mord begeht.

Dieses "Monster" wird als Affenähnliche Kreatur beschrieben. Back to the roots. Der zivilisierte Mensch folgt seinen Urtrieben. Wird wieder zum Affen, aus dem er sich einst entwickelt hat. Soviel zu der Geschichte des Buches, auf die ich nicht weiter eingehen möchte.

Sehr wohl aber auf den Ausdruck und die Bedeutung, die bis heute geblieben ist, wenn man einen Menschen mit JEKYLL und HYDE beschreibt. Denn das trifft gleich in mehrfacher Hinsicht auf Narzissten, also moderne Vampire zu.

Zum Einen steht dieser Vergleich für mich für die große Widersprüchlichkeit von Narzissten!

Verletzlich und überheblich zugleich! Ein extrem selbstbewußter, überzeugender Auftritt, ohne tatsächliches Selbstwertgefühl.

Manipulativ, raffiniert und äußerst geschickt darin, eigene Interessen durch zu setzen, aber unfähig mit Misserfolgen, Frust und Kritik um zugehen.

Charismatisch, souverän und scheinbar unantastbar, aber psychisch extrem instabil. Ein Kartenhaus, dass sehr schnell zusammenbrechen kann.

Zum Anderen betrifft das Jekyll-und-Hyde-Syndrom auch die Opfer. Ist Teil des TRAUMABONDINGS, also der Unfähigkeit sich aus einer toxischen Beziehung zu lösen.

Diese Phänomen ist weit verbreitet und macht die Situation für Betroffene oft so schwierig. Die Tatsache, dass es neben einem liebenswerten DR.JEKYLL, noch einen vollkommen anderen MR.HYDE gibt, der Teil dieser Person ist.

Die Erkenntnis, dass der großartige DR.JEKYLL immer wieder Verhaltensweisen zeigt, die überraschen. Überraschen und verletzen. Ab und an mutiert der Mensch, den man zu kennen glaubt zu einem „Monster". Zumindest zu Jemanden, den man gar nicht mehr erkennt. Kennen gelernt hat man einen DR.JEKYLL, doch immer wieder hat man es mit einem MR.HYDE zu tun, der verletzende Verhaltensweisen zeigt. Und doch ist es die selbe Person.

Es ist die Sehnsucht nach DR.JEKYLL, die Betroffene weiter machen läßt. Die Liebe, die man für diesen Teil der Person fühlt. Das Vertrauen, die Verbundenheit, das Normale. Und das macht ja auch den überwiegenden Teil aus.

Viele Opfer toxischer Beziehungen suchen den Fehler bei sich, wenn plötzlich MR.HYDE zum Vorschein kommt. Fühlen sich gar schuldig. Glauben, sie hätten die schlechte Behandlung verdient, weil sie Fehler gemacht haben. Buhlen, um die Liebe und Anerkennung des Peinigers. Wollen, dass Alles wieder gut wird, dass DR.JEKYLL wieder zurück kehrt. Was ihnen auch oft genug genauso von ihrem Peiniger suggeriert wird.

Häusliche Gewalt findet oft nur im alkoholisierten Zustand statt. Also wenn DR.JEKYLL seinen Trank genommen hat. Erst dann kommt MR.HYDE, das Tier zum Vorschein. Zeigt der sonst so liebevolle Vater, oder Ehemann eine andere Seite. Eine toxische Beziehung!

Ich persönlich, halte es für falsch von dem "wahren Gesicht" zu sprechen, denn die nette Seite ist genauso wahr, wie die "böse". Und in die gute Seite, hat man sich verliebt und liebt sie oft immer noch.

Die andere, dunkle, böse Seite kommt ja nur ab und an zum Vorschein. Den Großteil der Zeit hat man es mit dem äußerst anständigen DR.JEKYLL zu tun.

Und genau das macht die Angelegenheit so schwierig für die Betroffenen, denn hier greifen verhaltens-psychologische Grundlagen.

Da ich mit Hunden arbeite, sind mir verhaltensbiologische Begriffe, bzw. Die psychologischen Aspekte des Lernverhaltens durchaus vertraut. So auch der Begriff und Wirkung der INTERMETIERENDE BELOHNUNG. Schließlich habe ich diese Form des Lernens oft genug selbst im Training angewendet.

Diese Lernmethode hat einen Sucht ähnlichen Charakter, spornt extrem an und zeigt daher sehr schnell zuverlässigen und nachhaltigen Erfolg.

Prinzip dieser Trainingsmethode ist es, mit der Belohnung für gewünschtes Verhalten zu variieren.

Es gibt also nicht immer das gleiche Maß an Lob, oder Belohnung für ein Verhalten, sondern es ist nicht voraussehbar. Mal gibt es viel, mal wenig. Mal was besonders Gutes, mal was Normales. Manchmal gibt es gar nichts und manchmal, tja manchmal gibt's den Jackpot. Und mit dieser Aussicht strengt sich jedes Lebewesen enorm an. Die Aussicht auf den Jackpot ist ein ungemeiner Ansporn. Nichts Anderes greift bei Spielsucht, also krankhaftem Spielverhalten! Veranlaßt durchaus vernünftige Menschen dazu ihr gesamtes Vermögen, ihre gesunde Existenz im wahrsten Sinne des Wortes aufs Spiel zu setzten. Angefüttert mit ein paar kleinen Erfolgen, ein paar Häppchen Glück machen sie immer weiter.

Aber auch das Ausbleiben von Erfolgen und Belohnungen spornt an. Läßt einen weiter machen.

Ist halt gerade eine Pechsträhne..., kann ja nicht ewig dauern..., wird sich schon wieder ändern..., muß nur dran bleiben und mich noch mehr anstrengen....

Und so funktioniert das auch in toxischen Beziehungen.

Moderne Vampire sind ja nicht durchgehend verletzend, oder gemein. Manchmal Monate lang nicht. Und wenn es doch wieder passiert, weiß man ja, dass sich das wieder ändern wird ... und immer hofft man auf den Jackpot. Was in diesem Fall hieße, MR.HYDE ist ganz verschwunden.

Ein modernen Vampir hat keine 2 Gesichter. So wie auch in DR.JEKYLL immer schon ein MR.HYDE geschlummert hat.

Es ist ein und dieselbe Person. Beide Teile gehören zu dieser Person dazu. 2 Seelen leben in einer Brust.

In der original Geschichte benötigt DR.JEKYLL dafür einen Trank (TRIGGER), und MR.HYDE zum Vorschein zu bringen. Doch tut er dies ja bewußt und freiwillig. Auch nachdem er weiß, welches "Tier", oder "Monster" aus ihm wird.

Anders als bei ernsthaften psychischen Erkrankungen, wie etwa Schizophrenie, oder einer tatsächlichen Persönlichkeitsspaltung (Dissoziative Identitätstörung) gehört MR. HYDE zum Wesen und Sein der Person dazu. Ist immer präsent, wenn auch nicht immer gleich stark ausgelebt. Sogenannte TRIGGER können dieses Verhalten jedoch jederzeit auslösen, bzw. begünstigen.

Gut, das gilt natürlich zum Teil auch für ernsthaft psychisch kranke Menschen, doch sind diese dann tatsächlich nicht mehr Herr der Lage. Haben keine Wahl! Können darüber nicht frei entscheiden. Ein modernen Vampir ist das, was er ist. Ein Blutsauger. Ein Energiefresser. Ein Seelenräuber.

Man muss es nur wissen. Ihn als solchen erkennen. Um dann frei zu entscheiden, ob man trotzdem damit leben möchte, oder eben nicht. Wissen, wie man sich davor schützen kann. Wenn man es nicht weiß, hat man auch keine Wahl!

Ein weiterer interessanter Aspekt, der JEKYLL und HYDE Geschichte: keiner vermutet es. Man kann es nicht sehen.

Nur Wissen schützt.

Womit ich wieder bei den Serienmördern lande. Viele von ihnen blieben deshalb solange unentdeckt, weil man es ihnen schlichtweg nicht zugetraut hat. Es weder vermutet, noch ihnen angesehen hat.

Tatsächlich ging man früher davon aus, dass Serienmörder, oder extreme Gewaltstraftäter eine multiple Persönlichkeit besitzen würden. Heute weiß man, dass dafür ganz andere Störungen verantwortlich sind.

Heute spricht man auch nicht mehr von Multipler Persönlichkeit, sondern von DISSOZIATIVE IDENTITÄT und ist im ICD-11 unter den Persönlichkeitsstörungen aufgeführt. Unterscheidet sich aber in den Symptome ganz klar von einer NPS.

Um moderne Vampire, toxische Menschen, eine NPS zu erkennen, hilft nur Wissen. Wissen und Aufklärung.

Die Erkenntnis, dass bestimmte Verhaltensweisen von einer psychischen Störung angetrieben sind. Dass hinter der strahlenden, selbstbewußten Erscheinung, ein kleines verletzliches Kind steckt, das mit allen Mitteln geschützt werden muss. Das Bewusstsein, dass nicht Alles echt ist an DR.JEKYLL. Nicht so ist, wie es scheint. Die Außenfassade nicht immer mit dem Innenleben übereinstimmt.

Und doch ist dieses Wissen schmerzhaft und oft unvorstellbar.

Wer gesteht sich schon gerne ein, auf einen Fake hereingefallen zu sein? Wer kommt schon auf die Idee, dass seine tief empfundene Liebe zu diesem Menschen, nur einen Teil dieser Person betrifft?

Ja mehr noch, dass man die ganze, vollständige Person gar nicht kennt! In wen hat man sich also tatsächlich verliebt? Wen liebt man? Sicherlich einen DR.JEKYLL. Doch gehört auch MR.HYDE dazu. Schlummert in ein und der selben Person. Wenn man aber gar nicht weiß, dass man sich in einer toxischen Beziehung befindet zu der diese irritierende Widersprüchlichkeit dazu gehört, machen auch die Opfer weiter.

Doch selbst, wenn man es erkennt, darauf gestoßen wird, ist es schwer sich daraus zu lösen. Denn es bedeutet ja auch, dass die eigenen Gefühle nicht wirklich echt sind. Keinen wahren Bestand haben, weil man auf eine Täuschung herein gefallen ist. Eine Täuschung liebt. Hier hilft also nur eine umfassende Ent-Täuschung. Und das tut weh, wie jeder weiß.

Um dieses Dilemma zu verdeutlichen, erinner ich an dieser Stelle nochmal an das fulminante LOVEBOMBING. Und auch - wie in meinem Fall - das Atem raubende HOOVERING.

Man verliebt sich nicht einfach in einen netten, harmlosen Menschen. Man wird mit allen Mitteln der Kunst von Anfang an in einen berauschenden Zustand versetzt. Lernt eine schillernde, ungewöhnliche, umfassend bemühte Person kennen.

Und weiß noch nicht, dass man es mit einem modernen Vampir zu tun hat. Das bereits diese Sinnes vernebelnde Verliebtheit, Teil einer Vampirstrategie ist, die sich LOVEBOMBING nennt.

Man wird verliebt gemacht und zwar in einen großartigen DR.JEKYLL. MR.HYDE zeigt sich da noch nicht. Und natürlich schmeichelt es Einen, dass dieser großartige DR.JEKYLL, sich um einen bemüht. Genauso verliebt zu sein scheint und einen auf Händen trägt.

Selbst wenn man später ernüchtert wird, weil man inzwischen auch MR.HYDE kennen gelernt hat, bleibt diese erste heftige, emotionale Erfahrung bestehen. Das grandiose Bild des DR.JEKYLL.

Es ist nicht so leicht, sich von diesem Bild, dieser Täuschung zu trennen und sich einzugestehen, dass das Alles nicht echt war. Bereits Teil einer geschickten Strategie war.

Denn hier geht es ja auch um die eigenen Gefühle. Um Liebe, Sehnsucht und einen Lebenspartner.

Es erfordert viel Kraft mit dem Wissen, der Erkenntnis, dem Begreifen um zugehen.

Der Einsicht es in Wahrheit mit einem modernen Vampir zu tun zu haben. Der Erkenntnis, dass zu DR. JEKYLL auch noch ein MR. HYDE dazu gehört. Dem traurigen Wissen, sich in einer toxischen Beziehung zu befinden und man von Anfang an getäuscht wurde.

Jede Ent-Täuschung birgt immer auch die Möglichkeit des Lernens. Stellt die Chance auf einen neuen Anfang dar. Ändert aber nichts an dem Umstand, dass diese Erfahrung, die Enttäuschung äußerst schmerzhaft sein kann.

Und die Erkenntnis auf einen modernen Vampir, eine Lebenslüge herein gefallen zu sein, ist extrem schmerzhaft. Und steht im ständigen Widerspruch zu vielen anderen Gefühlen, die man immer noch für diesen Menschen hegt.

Für den so überzeugenden DR. JEKYLL.

DER SEEROSENTEICH

Eine ganz persönliche Geschichte.
Meine älteste Freundin, ist ein ungewöhnlich unterhaltsamer Mensch und zeichnet sich vor Allem durch ihren Wortwitz und ihre treffenden Sprüche aus. Besonders treffend fand ich immer ihren Spruch: „in Schönheit gestorben", sowie „am Ende des Tages....." Wenn ich von persönlich spreche, haben diese beiden Sprüche, um nicht zu sagen, Aussagen eine ganz besondere Bedeutung für mich und treffen in vielerlei Hinsicht auch auf mein Leben mit meinem Vampir zu.
Meine Interpretation des Spruches: „In Schönheit gestorben":
Bedeutet für mich, Etwas ist unglaublich schön, geschmackvoll, schön gedacht, aber nicht lebensfähig. Nicht praktisch. Von keinem Nutzen. Die oberflächliche Schönheit täuscht über das fehlende Leben hinweg.
Der Spruch „Am Ende des Tages...." geht noch weiter. Ist ein anderer Ausdruck für: Was zählt denn am Ende? Was bleibt? War es die Mühe wert? Was ist wirklich an Bestand geblieben?
Oder anders ausgedrückt: Welche Bedeutsamkeit hat etwas. Lohnte sich dieser Tag, diese Entscheidung, dieses Leben?
Mein Vampir hatte Geld und auch einen sehr guten Geschmack. Doch wie in allen Dingen, fehlte es immer an Seele, an Herzblut, an Authentizität bei ihm. So hatte er, bzw. sein Architekt einen Seerosenteich auf seinem Grundstück einrichten lassen.
Architekt! Nicht Landschaftsgärtner! Und dies alles geschah, ohne meine Mitsprache. Bevor ich zu meinem Vampir zog.
Nun ist ein eigener Gartenteich mit Seerosen ja grundsätzlich ein sehr schöner Gedanke! Doch hat man es dabei mit einem lebenden Biotop zu tun. Das heißt, man muss sich neben Schönheit auch ein paar Gedanken über Lage, Sonneneinstrahlung, Sauerstoffzufuhr, Algen, Fische, Teichtiefe, Wasserqualität und Ähnliches machen.
Weiß jeder normale Mensch, der von einem eigenen Teich träumt.
Nicht so mein Narzisst! Schön sollte es aussehen. Geld spielte keine Rolle und Wünsche werden sofort umgesetzt, ohne an mögliche Konsequenzen zu denken. Die Erfüllung des Wunsches, einer Vorstellung ist wichtig. Nicht das Objekt selbst.
Dass der Teich ein Eigenleben hat, war ihm egal. Mir aber nicht!
Ich wollte diesem Biotop eine Chance geben, was gar nicht so einfach war, weil er einfach falsch angelegt war.

Südlage, massive Sonneneinstrahlung, unter etlichen großen Laubbäumen, darunter Eichen, deren Blätter schwer verrotten und einen großen Säureanteil haben. Auch fehlte eine Umwälz- bzw. Sauerstoffpumpe.

Dieser Teich wurde zu meinem Projekt. Er war ja nunmal da und bei entsprechender Pflege sah er auch wirklich toll aus.

„In Schönheit gestorben….." Sag ich nur!

Denn dieses Projekt schien aussichtslos zu sein. Egal wieviel Zeit, Arbeit, Mühe, Liebe und Geld ich in diesen Teich steckte, jeden Sommer war er kurz vorm kippen.

Da half nur: Watthosen an und den Teich von den vielen blühenden Fadenalgen zu befreien. Keine besonders angenehme Arbeit und äußerst Zeit aufwendig.

Und jeden Herbst musste der Teich abgedeckt werden, damit vor Allem die vielen Eichenblätter nicht ins Wasser gelangten und den ph-Wert des Wassers so stark veränderten, dass ein gesundes Leben darin kaum noch möglich war. Um nicht zu sagen Toxisch!

Auch dies war eine äußerst Zeit aufwendige Arbeit. Immer wieder mußte ich die Netze flicken, neue kaufen, die Konstruktion verbessern, denn so ein Netz zum Schutz kann ja nicht plan über den Teich gelegt werden. Da sammelt sich dann alles Laub oder auch Schnee und irgendwann reißt das Netz, oder geht unter. Das war ja nicht der Sinn der Sache.

In strengen Winter erfror der Großteil meiner Fische, die ich u.a. für die Algenbekämpfung eingesetzt hatte, weil der Teich nicht tief genug angelegt war. Die Pumpen mussten regelmäßig gereinigt werden und in heißen Sommern das Wasser aufgefüllt werden.

Es blieb also ein sehr arbeitsintensives Projekt.

Mit viel Liebe und Aufwand versuchte ich trotzdem den vielen Fehlern, die schon beim Anlegen dieses Teiches begangen wurden irgendwie entgegen zu wirken. Nicht meine Fehler. Fehler, die mein Vampir begangen hat, weil er schlichtweg übersehen hat, dass so ein Teich ein lebendes Objekt mit eigenen Bedürfnissen ist. Der notwendige Grundvoraussetzungen brauchte, um erfolgreich, vor Allem dauerhaft zu Überleben.

Kein schöner Gegenstand, den man einmal erwirbt und der dann „In Schönheit gestorben" irgendwo rumsteht. Ein eigenes Leben, das nur in seiner ganzen Schönheit erblüht - im wahrsten Sinne des Wortes - wenn man sich um die notwendigen Bedürfnisse kümmert.

Erblüht, sogar im doppelten Sinne des Wortes, denn auch die Seerosen bedurften einer bestimmten Wasserqualität, stimmte diese nicht, blühten halt die Algen und die Seerosen wurden krank. Was dann auch nicht mehr schön aussah.

Es war meine Zeit, mein Geld und meine Arbeit, die ich in die Rettung dieses Teiches einsetzte. Er selbst kümmerte sich kaum darum. Sollte nur schön aussehen und von grundsätzlichen Fehlern, die von Anfang an begangen wurden, wollte er natürlich nichts hören. Im Gegenteil, er machte es zu meinem persönlichen Versagen. Mein Scheitern.

Jedes Jahr sagte ich mir daher: Schluß damit. Hat keinen Sinn! Der Teich gehört zugeschüttet! Doch brachte ich das nie wirklich übers Herz. Und einige Wochen sah er ja auch wirklich schön aus.

Außerdem hatte ich ja schon so viel Zeit, Arbeit und Geld in diesen Teich gesteckt, das wäre ja dann alles umsonst gewesen......

So liegt es nah, dass ich diesen Seerosenteich irgendwann mit meinem Mann verglich, vor Allem in Gesprächen mit Freunden, wenn mal wieder ein neues Vampirproblem auftrat.

„Er ist, wie der Seerosenteich" pflegte ich daher irgendwann zu sagen. „Jetzt hab ich schon soviel investiert und geschafft, da kann ich doch jetzt nicht aufgeben." , „Zu irgendwas müssen meine Mühen ja gut gewesen sein", „Schlimmer kann's ja nicht mehr werden".... Welch fataler Trugschluss!

Allerdings war mir zu diesem Zeitpunkt ja immer noch nicht bewußt, dass mein Mann ein moderner Vampir war.

Soviel auch zu meiner Person! So schnell geb ich nicht auf. Beiß mich durch, habe einen langen Atem. Ich gebe Allem zunächst immer noch eine Chance. Auch eine zweite, oder dritte! Laufe dabei aber Gefahr, den Absprung zu verpassen. Rechtzeitig zu erkennen, dass etwas keinen Sinn mehr hat. Ich kämpfe da noch weiter, wo Andere schon längst aufgegeben hätten.

Kämpfe um das Gute, was ich darin sehe. Ertrage Vieles um den erhofften Idealzustand zu erreichen. Hoffnung und meine Überzeugung es doch noch schaffen zu können treiben mich dabei an.

Doch war es bis zum Schluß ein Kraft zehrender Aufwand. Ein Energieraubendes Unterfangen. Eine Zeitfressende Investition, die in keinem Verhältnis stand.

Den Seerosenteich konnte ich tatsächlich irgendwie am Leben halten. Meine toxische Beziehung nicht.

DIE MACHT DER MUSIK, oder WAS MUSIK MACHT

Das ist Musik in meinen Ohren sagt man, wenn man etwas sehr Positives hört. Was voraussetzt, dass Menschen Musik, als etwas extrem Positives empfinden. So auch ich. Allerdings musste ich im Laufe der Jahre feststellen, dass sich mein Musikempfinden offensichtlich von dem der meisten Menschen unterscheidet. Ich erlebe Musik. Ich höre Musik nicht nur - und zwar bewußt!- ich nehme sie mit allen Sinnen wahr.

Sie erfüllt mich, kriecht mir unter die Haut, wird in dem Moment ein Teil von mir und läßt mich weinen, lachen, tanzen, oder einfach nur genießen. Musik bewegt meine Seele. Berührt mein Herz. Gute Musik natürlich! Also das, was ich als gute, wohlklingende, stimmige Klänge bezeichne.

Musik hat in meinem Leben immer schon eine sehr große Rolle gespielt. So sehr, dass ich schon in jungen Jahren sagte: "Ein Mensch, der nichts für Musik übrig hat, paßt nicht in mein Leben!" Und das meinte ich auch so. Bis heute.

Wer keinen Sinn für die Schönheit von Musik hat, wird mir nie wirklich nah sein können. Ein Mensch, dem Musik egal ist, wird auch mich nicht verstehen. Ich kann mir ein Leben mit einer Person, die keine Klassik mag schlichtweg nicht vorstellen. Zu einem guten Essen, gehört nicht nur ein guter Wein, sondern auch entsprechende Musik. Und entsprechend heißt für mich in diesem Fall, keine plumpen Beats! Einfallslose Schlager, oder Hits, die gerade angesagt sind, aber sogar nicht in die Atmosphäre passen.

Man braucht ein Gefühl für Musik.

Natürlich sind Geschmäcker verschieden, aber darum geht es nicht. Ich kann mich für viele unterschiedliche Musikrichtungen begeistern und Klassik ist ja auch nur ein Oberbegriff.

Ich beispielsweise, bin hoffnungslos Johann Sebastian Bach verfallen. Wenn ich Bachs Musik höre, seine Gegenläufe, sein begnadetes Einfallsreichtum in der Komposition, dann bin ich oft zu Tränen gerührt. Von Ehrfurcht erfasst. Von der Schönheit der Musik überwältigt. Das schafft tatsächlich in dieser umfassenden und mitreißenden Vollkommenheit nur J.S.B.

Aber auch ein Bach passt nicht immer.

Vor Allem kann man zu Bach nicht tanzen und ich liebe es zu tanzen.Nicht, dass ich es gelernt hätte, ich rede nicht von Standarttanz. Ich rede davon, wenn einem die Musik in die Glieder fährt und man gar nicht anders kann, als sich dazu rhytmisch zu bewegen. Wenn Musik sich ihren Ausdruck über Bewegung sucht. Wenn ich Noten in Bewegungen umsetze. Wenn mein Körper sich dem Rythmus anpasst. Wenn ich durch meinen Tanz die Musik, die ich hör sichtbar werden lasse. Wenn man mir meine schiere Lust, meinen Spaß und meine Leidenschaft dabei anmerken kann, dann erfreuen sich auch andere daran.

Selbst mein Vampir. Oder sollte ich besser sagen: Vorallem mein Vampir. Denn diese Fähigkeit besaß er so gar nicht!

Ich würde sogar so weit gehen zu behaupten, dass kein moderner Vampir tanzen kann! (Selbst wenn ein berühmter Film und ein gleichnamiges Musical so heißt: TANZ DER VAMPIRE)

Tanz hat was mit Leidenschaft, Sinnlichkeit, Hingabe und Selbstvergessenheit zu tun. Alles Eigenschaften, die einem Menschen mit NPS verschlossen sind.

Natürlich können sie - wie beim Sex - die Technik beherrschen, aber es fehlt eben das Herzblut. Vampire haben weder ein schlagendes Herz noch Blut. Das brauchen sie von Anderen.

Und Tanz hat natürlich auch etwas mit Körperlichkeit und Nähe zu tun, spätestens wenn man beim tanzen mit der Umwelt interagiert, oder eben beim Partnertanz. Da war mein Vampir so hilflos, wie ein Fisch an Land, wie ein Käfer auf dem Rücken.

Tja, vielleicht hätte ich meinen eigenen Worten mal mehr Bedeutung schenken sollen, denn ich pflegte immer zu sagen: "Zeig mir, wie Du tanzt und ich weiß, wie Du im Bett bist!"

Hat sich immer bewahrheitet. Leider auch bei meinem Vampir.

Das, was Bach in der Klassik ist, ist QUEEN für mich in der Rockwelt. Und selbst, wenn man deren Musik nicht mögen sollte: Keiner wird ernsthaft bestreiten können, dass FREDDIE MERCURY einer der begnadetsten Sänger der modernen Welt ist, bzw. war.

Besonders ausdrucksvoll und damit "tanzbar" ist die Musik von MEATLOAF. Aber auch die STONES haben so einige Lieder geschrieben, die einfach mitreißen. Mein Favorit: SYMPATHY FOR THE DEVIL - natürlich! (Na, wenn das mal nicht zum Thema des Buches passt :-)

Tatsächlich ist mein Musikrepertoire weit gefächert und ich bin immer wieder schier begeistert, wenn es Musikkünstlern gelingt, etwas Neues hervorzubringen, was einzigartig ist. Ich bin keineswegs verhaftet, festgefahren, oder auf bestimmte Musikrichtungen festgelegt.

Im Gegenteil, mich fasziniert das Neue, wenn es gut ist. Bin offen und begeisterungsfähig für die Schönheit von Musik. Aber es gibt Grenzen! Musik, die mir wirklich schlechte Laune bereitet, weil ich sie als extrem unangenehm und nervig empfinde. Musik, der aus meiner Sicht die Seele fehlt. Der Grund für dieses Kapitel.

Denn was hat all das mit toxischen Beziehungen, oder modernen Vampiren zu tun, mag sich der geneigte Leser bereits fragen.

In meinem Fall eine ganze - und auch entscheidente - Menge.

Mein Vampir kriegte mich u.a. durch meine Leidenschaft zu Johann Sebastian. Ja mehr noch, er brachte mir die Genialität von Mozart über sein REQUIUM näher. Bis dahin stand der arme Amadeus immer im Schatten von Bach bei mir. Was er definitiv nicht verdient hat, wie ich heute weiß. Und das habe ich tatsächlich meinem Vampir zu verdanken. Aber auch in der modernen Welt hatte er mich musikalisch sofort am Haken.

In dem Jahr, in dem mein Vampir in mein Leben trat, wurden 2 grandiose Alben veröffentlicht: R.E.M Automatic People und ANNIE LENNOX mit Diva.

Everybody Hurts von R.E.M. wird bis heute - zu Recht -immer noch gespielt und ist tausendfach gecovered worden. (u.a. von den CORRS, eine fantastische Interpretation !)

Und ANNIE LENNOX hat mit der Veröffentlichung ihres ersten Soloalbums Weltruhm erlangt. Für mich, als Musikbegeisterte stimmt hier Alles: Text, Musik und Stimme. Annies Stimme ist nicht nur absolut einzigartig, sondern auch extrem gut. Die Lady kann wirklich singen. Deswegen gibt es auch wenig Coverversionen ihrer Lieder. Wer wagt sich schon daran, eine ANNIE LENNOX zu covern? Wie gesagt, für mich ist ihre Musik absolute Perfektion, weil Alles stimmt. Immer.

So auch die Texte, der Lieder ihres Albums DIVA.

Allen voran das Stück COLD, was meinen ersten Schmerz mit meinem Vampir gut einfing. Ehrlich gesagt, sind fast alle Stücke auf diesem Album für mich sehr Aussage kräftig was den Umgang, bzw. die Auswirkungen in meinem Leben mit einem Vampir anbelangt.

Heute sogar mehr als damals. Vor Allem, was den Inhalt, Aussage, also die Texte der Lieder anbelangt.

Mir persönlich war es schon immer ein Rätsel, wie man Lieder hören, oder auch mögen kann, ohne auf den Text zu achten. Den Inhalt zu kennen. Um die Aussage und Bedeutung zu wissen.

Worum geht es in dem Lied? Wie kunstvoll ist der Ausdruck, die Wortwahl, oder eben Aussage des Liedes.

Gut, ich beherrsche die englische Sprache, aber spätestens heutzutage ist es ja kein Thema mehr, sich Texte übersetzten zu lassen. Für mich ist das auch eine Frage des Respekts und der Achtung dem Künstler gegenüber. Der singt ja eben nicht nur LALA, sondern will mit seiner Musik etwas sagen. Etwas ausdrücken. Und oft sind Liedertexte die reinsten und schönsten Gedichte. Das unterscheidet diese Künstler ja von reinen Beats, oder Schlagern. Na gut, die sagen auch was aus, aber doch sehr....simpel, wenn ich das so sagen darf.

Aber zurück zu meinem Vampir. Was uns immer verbunden hat, war Musik. Und somit hatte sich auch meine selbst gestellte Prophezeiung: "Ein Mann, der nicht für Musik empfänglich ist und keine Klassik mag, kommt mir nicht ins Haus" erfüllt.

Doch dann geschah etwas äußerst Seltsames. Zum Ende unserer sehr schwierigen Ehe.

Eines Tages kam ich unerwartet früh nach Hause und schon auf der Auffahrt dröhnte mir laute "Musik" entgegen. Nicht ungewöhnlich für meinen Vampir, aber meistens war das Klassik.

Das hier aber war keine Klassik. Es war gar nichts, was ich je freiwillig gehört hätte, oder meinen Vampir jemals hab hören hören. Nicht in 2 Jahrzehnten.

Natürlich sind Geschmäcker verschieden, aber darum geht es nicht! Es ist keine Frage des Geschmacks, sondern des Stils.

Jeder Mensch hat seinen eigenen, ganz individuellen Stil, der sich in tausend Dingen äußert. Kleidung, Auto, Einrichtung, und bestenfalls auch in der Berufswahl. Und Musikstile gehören zum Teil einer Persönlichkeit unbedingt auch dazu.

Mit Stil meine ich also die Stimmigkeit einer Persönlichkeit.

Was im Übrigen ein äußerst spannendes Thema, denn auch Stilbrüche sagen extrem viel über Menschen und deren Persönlichkeit aus.

Wenn also ein Mensch nach über 20 Jahren gemeinsamen Lebens plötzlich eine ganz neue Musikrichtung einschlägt, dann ist das verwunderlich.

Wenn ein Mensch über 60 plötzlich Gefallen an einem Musikstil findet, der so gar nicht zu seinem Bisherigen passt, läßt einen das aufhorchen. Und wenn ein Mensch plötzlich eine Musik hört, die es immer schon gab, aber nie eine Rolle gespielt hat, dann ist das merkwürdig. Äußerst merkwürdig und daher Erklärungsbedürftig.

Ich bin kein eifersüchtiger Mensch! Sollte man auch auf gar keinen Fall sein, wenn man mit einem Narzissten zusammen lebt, aber das ging selbst mir zu weit. Ich fühlte mich verraten. Damit hatte er uns und das, was ich für Gemeinsamkeit hielt, verraten.

Und er hatte sich verraten - und zwar im doppelten Sinn des Wortes. Mit Fremdgehen kann ich umgehen, aber nicht mit "Gehirnwäsche", wie es mir vorkam. Nicht damit, dass mein Ehemann offensichtlich zu einem Fan einer Musikrichtung wurde, die nie eine Rolle in unserem gemeinsamen Leben gespielt hat. Ja mehr noch: undenkbar war.Dieser Mann war mir plötzlich vollkommen fremd.

Als ich ihn daher sehr irritiert fragte, was das solle, kam er mir mit dem Narzissten-Argument: Meistverkaufteste CD des Jahres!

Aha! Na wenn das so ist, fehlt Dir noch Michael Jackson und Madonna in Deinem Musikschrank, sagte ich Kopf schüttelnd und verließ extrem verstört den Raum.

Und es blieb nicht bei diesem einmaligen Ausrutscher. Dieser musikalischen Entgleisung. Der meinte das ernst und hatte gleich mehrere Cd's von den bekanntesten Interpreten dieser Musikrichtung.

Und tatsächlich war dieses Erlebnis der Anfang vom Ende. Musik! Musik in meinen Ohren, die ich nicht ertragen konnte und die plötzlich so viel verriet.

Natürlich wußte ich zu diesem Zeitpunkt immer noch nicht, mit wem ich eigentlich verheiratet war. Kannte die wahre Identität meines Vampirs noch nicht.

Dieses Erlebnis jedoch war Folgenreich, denn ich begriff vielleicht zum ersten mal, dass hier irgendwas nicht ganz stimmig war. So gar nicht mehr stimmte.

Eine erhebliche Dissonanz, die nicht mehr zu überhören war.

Die mich endlich aufhören ließ, um auf zu hören, diesen Menschen verstehen zu wollen.

VON FRÖSCHEN UND SKORPIONEN

Den Meisten ist diese Parabel sicherlich bekannt, dennoch sei sie hier kurz erzählt.

Ein Skorpion steht an einem Flussufer und möchte rüber, kann aber nicht schwimmen.

Da sieht er einen Frosch auf einem Stein sitzen und fragt, ob er ihn auf seinem Rücken auf die andere Seite bringen würde.

Der Frosch betrachtet den Skorpion und antwortet: "Nein. Du bist ein Skorpion. Wenn Du mich stichst, werde ich sterben"

Daraufhin beruhigt ihn der Skorpion: "Lieber Frosch, darum mußt Du Dich nicht fürchten, denn ich kann nicht schwimmen! Stech ich Dich, werde ich ertrinken" Das überzeugt den Frosch und erfüllt seine Bitte. In der Mitte des Flusses sticht der Skorpion zu.

Im Sterben fragt ihn der Frosch: "Warum hast Du das getan?"

Dieser antwortet: "Weil ich ein Skorpion bin! Es ist meine Natur! Ich kann nicht anders" Und ertrinkt.

Parabeln haben kein vorgegebenes moralisches Ende. Es ist dem Leser überlassen, wie er die Geschichte interpretiert. Aber es gibt natürlich einen Grund, warum dieses Buch so enden soll! Mir ist es wichtig zu verstehen, was einen modernen Vampir ausmacht.

Vampire sind nicht so geboren worden. Sie wurden dazu gemacht. Verdammt auf ewig das Blut, also den Lebenssaft anderer Menschen zu brauchen. Sie können nicht anders. Es ist ihre Natur!

Narzissten sind keine bösen Menschen. Sie tun Böses.

Sie saugen einen aus, leben von den Energien, Gefühlen und Zuwendung anderer Menschen, aber sie haben dies nicht selbst bestimmt.

Wie der Vampir das Blut, so brauchen Narzissten, die Bewunderung, die Anerkennung und die Empathie andere Menschen. Weil sie selbst dazu nicht in der Lage sind!

Weil ihre Psyche sie vor Ehrlichkeit, Wahrhaftigkeit und Selbstreflexion schützt.

Ein Narzisst, also ein Mensch mit NPS - weiß ja meist gar nicht, dass er einer ist. Er kennt kein anderes Leben als seines.

Und Selbsterhalt ist einer der wichtigsten Triebe der Natur, eine notwendige Voraussetzung des Seins.

Auch ein Narzisst will nur leben. Überleben, selbst wenn er Andere damit in den Abgrund reißt und schwere Schäden verursacht.

Er tut das aber keines Falls absichtlich, kalkuliert, oder aus niederen Trieben - er kann nicht anders!

So perfide auch seine Machtspielchen und Manipulationen wirken mögen - er selbst ist in diesem Spiel gefangen. Gefangen und verflucht so zu sein, wie er ist.

Denn es geht um Alles.

Es geht um sein Leben. Die Scheinwelt seines Seins, die er um sich geschaffen hat. Es geht um das verletzte, kleine Kind in seinem Inneren, was er mit aller Macht zu beschützen versucht. Unbewußt! Das fragile Kind, was in ihm steckt und was niemals an die Oberfläche gelangen darf. Niemals erkannt und gesehen werden soll. Was für ein Kampf! Was für ein Dasein! Bedauernswert, wenn Sie mich fragen.

Leider wird dies oft vergessen, gerade in der Internetpräsenz zu diesem Thema: Die andere Seite.

Es handelt sich um eine psychische Störung. Wir reden über einen Menschen, dessen Psyche ihm einen Streich spielt, um das zu schützen, was als kindliches Trauma zu Grunde liegt. Und eine der möglichen Formen damit umzugehen, der psychischen Verarbeitung ist nun mal eine narzisstische Persönlichkeitsstörung zu entwickeln. Und das ist nicht böse! Im Gegenteil! Eher traurig.

Was die Sache noch Schlimmer macht: Narzissten sind sehr schwer zu therapieren. Weshalb viele Psychotherapeuten NSP Patienten ablehnen. Verständlich! Denn was passiert, wenn man tatsächlich Erfolg damit hat, dem Narzissten die Augen öffnet? Was kommt dann zum Vorschein? Und was bleibt ihm dann noch von seinem bisherigen Leben?

Das ist eine sehr große Verantwortung, die ein Therapeut da übernehmen muss. Wenn es ihm überhaupt gelingt, den Schutzpanzer zu durchdringen. Die geschickten Manipulationen und Lügen zu erkennen und eine vernünftige Kommunikation aufbauen und halten zu können. Ich kann aus eigener Erfahrung sagen, wie schwer es ist, dauerhaften Zugang zu einem modernen Vampir zu finden und eine normal vernünftige Kommunikation zu führen.

Und ist der Therapeut tatsächlich erfolgreich, bringt das kleine verletzte Kind zum Vorschein und arbeitet dieses Kindheitstrauma tatsächlich auf, was dann? Dann hat man einen vollkommen neuen Menschen, ein neues Leben geschaffen.

Aus dem Vampir wird wieder ein Mensch, ein kleines Kind mit all seinen Verletzlichkeiten und Schwächen.

Er verliert all seine beeindruckenden und geschickten Fähigkeiten, auf die er Zeit Lebens zurück gegriffen hat und muss mit Empfindungen und Gedanken umgehen, die er nie kannte. Wird wieder zum Kind. Nackt und schutzlos. Muss Alles, zumindest Vieles wieder neu lernen.

Kann und darf nicht auf alte Taktiken, Überlebensstrategien und Erfahrungen zurück greifen, denn das waren die Erfahrungen des Vampirs.

So ist es kaum verwunderlich, dass die wenigsten Menschen mit NPS diesen Weg freiwillig wählen. Denn wenn es an Einsicht, Selbstreflexion und Empathie mangelt, warum sollte man dann überhaupt in Therapie gehen? Man ist ja unverletzlich und (selbst)herrlich so wie man ist. Warum daran was ändern?

Der Narzisst ist ja unempfänglich für das Leid, das er seinem Umfeld zufügt. Ihm geht es dabei ja gut.

Nur in einer NARZISSTISCHEN KRISE wird auch dem Vampir klar, dass es ungesund ist, wie er lebt. Wird er sich seiner Scheinwelt bewußt ist das extrem niederschmetternd.

Ich erinnere noch mal daran: Bei keiner anderen psychischen Persönlichkeitsstörung ist die Selbstmordrate so hoch, wie bei NSP!

Was für eine Verantwortung für Therapeut und Umfeld!

Ich kann ja mittlerweile aus eigener Erfahrung sagen, wie es sich anfühlt, wenn man feststellt, das ein großer Teil seines Lebens gar nicht echt war. Dass man sich was vorgemacht hat, einer Scheinwelt erlegen ist. Nur bleibt mir als normaler Mensch ja noch die Wahrhaftigkeit und Authentizität meiner eigenen Person.

Ich mag viel verloren haben, sehr viel sogar, wenn man die materiellen Aspekte noch hinzuzieht. Aber ich selbst bin mir geblieben.

Ja, auch ich musste mir ein vollständig neues Leben aufbauen, aber ich konnte dabei auf Fähigkeiten, Gefühle und Erfahrungen zurück greifen, die schon immer meine Stärke waren. Schon immer mit meiner Person zu tun hatten. Meiner - ungestörten- Persönlichkeit, die im Laufe der Jahre gewachsen, gereift, weiterentwickelt und gefestigt hat. Ich bin ich geblieben.

Wie schwer muss es sein ein neues Ich zu entdecken und zu sein?

In Krisensituationen werden normal gesunde Menschen auf sich selbst zurück geworfen. Aber wie ist es um das Selbst eines modernen Vampirs bestellt? Wie sieht das Selbst eines Narzissten denn aus? Das weiß er ja nichtmal selbst!

Zu einer tatsächlichen Heilung dieser Störung kann es daher nicht wirklich kommen.

Dazu fehlen dem Vampir einfach wichtige Voraussetzungen. Menschliche Fähigkeiten, die er schlichtweg nicht besitzt und wenn, dann nur sehr langsam aufarbeiten kann. Therapierbar ist höchstens eine gewisse Sensibilisierung im Umgang mit Menschen. Wenn die Störung noch nicht, oder wenig ausgeprägt ist. Was auf meinen Vampir definitiv nicht zutraf!

Das wäre so, als ob Sie aus einem Raubtier plötzlich einen Veganer machen wollten. Der gesamte Organismus eines Prädatoren ist auf die Energiezufuhr anderer Lebewesen eingerichtet. Und die Alternative heißt nie Obst, Gemüse, Nüsse, oder Gras.

Bekommen Beutegreifer nicht die gesammelte Energie eines geeigneten Beutetiers, verhungern sie. Gehen ein. Können nicht überleben.

Nicht umsonst habe ich deshalb den Begriff MODERNE VAMPIRE für NPS und dieses Buch gewählt.

Ich kann das nicht ändern. Ich kann nur mich und mein Leben ändern. Aber irgendwie macht es mich auch traurig, dass diese Lebensvampire gar nicht anders können. So abhängig und innerlich leer sind. Angewiesen auf das Leben anderer Menschen in all seinen schönen und vielfältigen Facetten.

Auch wenn sie gefährlich sind und Böses tun, sind sie armselige Kreaturen, die irgendwie nur ihrer Bestimmung folgen.

Umgetrieben von Bedürfnissen, die sie doch nie befriedigt wissen.

Bei aller Wut, die ich sicherlich auf meinen Vampir habe, bleibt immer auch die Frage des WARUMS und ein umfassendes Verstehenwollen.

Bei aller Verletzung und Bedauern, bleibt am Ende auch die Einsicht, dass mein Vampir nicht aus freien Stücken so gehandelt hat.

Ja, er hat ein Großteil meines Lebens und auch meiner selbst zerstört, aber er tat dies nicht wirklich mit böser Absicht.

Fühlt sich das damit besser an? Nein!

Aber diese Erkenntnis, dieses Verständnis, diese Einsicht gehört dazu!

Will man das Wesen eines modernen Vampirs verstehen, will man sie erkennen können und lernen mit ihnen umzugehen, ohne Schaden zu nehmen, gehört nun mal dazu sich ernsthaft mit dieser psychischen Störung auseinander zu setzen.

Um zu verstehen, was den modernen Vampir von einem normalen Menschen unterscheidet, darf man sie nicht einfach nur verteufeln. Sie meinen ja eben nicht die Person, das Opfer selbst, sie sind von einer Sucht getrieben.

Einer Sucht, einem tief sitzendem Bedürfnis, einer Notwendigkeit sich selbst zu spüren um zu überleben. Das hat aber nichts mit Lust, oder Freude daran zu tun. Oder gar mit Absicht, getrieben von bösen Vorhaben, die zerstören sollen. Es ist nicht der freie Wille, der ihr Handeln bestimmt! Und das ist für mich wichtig zu verstehen.

Mein Mitleid dafür hält sich, wie bei den meisten Missbrauchsopfern sicherlich in Grenzen, aber es wäre weder fair noch richtig Menschen, die unter NPS leiden, als böse zu bezeichnen.

Auch ein Skorpion ist kein „böses" Tier, nur weil er einen Giftstachel besitzt und benutzt.

Es gehört zu seinem Sein dazu. Es ist seine Natur.

SCHULD UND SCHAM

Ich habe in diesem Buch bewußt versucht, nicht all zu persönlich zu werden, weil es darum nicht geht. Es geht mir um Auf- und Erklärung und jedes einzelne Schicksal ist natürlich individuell. Aber, um dabei nicht zu sehr an der Oberfläche zu bleiben, zum Abschluss eine persönliche Geschichte, die mich nachhaltig getroffen hat.

Echte Narzissten machen ja bekanntlich keine Fehler. Und wer keine Fehler macht, hat auch nie Schuld! (BLAMESHIFTING) Und somit gibt es auch nie Entschuldigungen. Denn, wie das Wort schon sagt, gehört zu einer Ent-Schuldung, die Voraussetzung einer Schuld Anerkennung dazu. Und so bedeutungslos sich das so geschrieben anhören mag - es kann gravierende Auswirkungen haben, wenn sich ein Partner nie einer Schuld, oder eines Vergehens bewußt ist.

Mein Vampir und ich haben eine sehr freie und offene Ehe geführt, sonst hätte sie vermutlich auch nicht so lang gehalten. Beide haben wir selbstständig und Projektbezogen gearbeitet. Jeder in seinem Bereich, die sich aber ähnlich waren.

Das bedeutete in unserer Branche oft wochenlanges Arbeiten, gern mal 80 Stunden und mehr und häufige Auslandsaufenthalte. Somit haben wir uns oft wochenlang, teilweise sogar Monate nicht gesehen. Ausnahme: Feiertage!

Es begab sich, dass mein Geburtstag bei einem meiner Projekte auf ein arbeitsfreies Feiertagswochenende fiel. Was - logischerweise - schon vorher klar war und auch, dass der Ort, an dem ich arbeitete äußerst nett war und extrem viele Möglichkeiten bot, die ich nur allzu gerne mal in Ruhe und gemeinsam mit meinem Vampir genutzt hätte. Nach 3 Wochen extrem schwieriger Arbeit freute ich mich daher kolossal darauf, 4 Tage frei zu haben und meinen Vampir an meinen Geburtstag bei mir zu wissen.

Nur hörte ich nix mehr von ihm. Einen Tag vor geplanter Anreise, rief ich ihn also an und fragte, wann er denn nun kommen würde.

Antwort: Zu viel Arbeit, er könne nicht kommen. Wumms!

Mich zum Weinen zu bringen ist gar nicht so einfach, aber fertig wie ich eh schon durch die anstrengende Arbeit war, geschah genau das. Auch mein Vampir weiß natürlich, dass das sehr selten vorkommt! Aber er reagierte nicht. Weder auf meinen spürbaren Schock, noch auf meine selten Tränen. Ich hatte mir so viele schöne Dinge für die

Zeit ausgedacht, Restaurants und Routen rausgesucht und dann das. Fassungslos legte ich auf.

10 Stunden später rief er wieder an und fragte mich, was das denn war? Natürlich würde er kommen, dass sei ein kleiner Scherz gewesen. Klein? Scherz? Seltsamer Humor! Was ich ihm auch sagte. Daraufhin der Vorwurf ich hätte einfach keinen Sinn für Humor. Noch nie gehabt. Meine Schuld!

Sagte es, nach 12 Jahren Ehe!

Noch immer zutiefst getroffen und verletzt antwortete ich darauf:" Du kannst nicht auf jemanden zielen und abdrücken, um dann sagen, das war nur Spaß! Tot ist tot. Und verletzt ist verletzt!" Das wiederum fand er nicht witzig.

Natürlich hörte er nicht auf, mich auch weiterhin seinem kruden "Humor" auszusetzen. Wollte ich darüber reden kamen "Argumente" wie: "Ich glaub, Du verträgst keinen Rosé", wenn ich diesen gerade trank. Oder gern auch "Du wirst immer so emotional!" Als Vorwurf und Erklärung dafür, warum ein Gespräch mit mir angeblich gar nicht möglich sei.

An dieser Stelle, möchte ich noch mal darauf hinweisen, dass ich in der "ordentlichen" Gesprächsführung deutlich geschulter war als er. Da er mir also argumentativ unterlegen war, bügelte er einfach jeden Versuch eines vernünftigen Gesprächs mit solchen, oder ähnlichen Sprüchen ab.

Was soll man da machen? Wie erreicht man so einen Menschen dann überhaupt noch? Irgendwann gibt man auf, weil man jedes vernünftigen Ansatzes beraubt wird.

Schuld und Scham sind Eigenschaften, die normale Menschen empfinden. Moderne Vampire nicht. Könnten sie es, wären sie keine Vampire.

Schuldzuweisungen sind bekanntlich von geringem Wert, denn oft werden sie nicht angenommen. Schon gar nicht von einem echten Narzissten. Und wird ein erfahrenes Leid, eine tiefe Verletzung, oder ein anderes Übel besser dadurch, dass jemand die Schuld übernimmt? Finanziell sicherlich, hier kann eine Schuld beglichen, oder abgetragen werden, aber funktioniert das auch im zwischenmenschlichen Bereich?

Natürlich ist ein Schuldbekenntnis besser, als den Unschuldigen zu spielen, oder eben jede Schuld von sich zu weisen. Aber wird die Schuld an sich dadurch getilgt?

Bei der Frage der Schuld geht es um Erkennen und Bekennen.

Das heißt, jemand übernimmt Verantwortung für sein Handeln. Auch das ist natürlich eine komplette Utopie bei einem echten Narzissten. Hier fehlt es mal wieder an Reflexion. Doch selbst wenn, wird eine Tat nicht dadurch ungeschehen gemacht, nur weil jemand bereit ist, die Last der Schuld zu tragen.

Manche Menschen zerbrechen an der Last einer Schuld, die sie sie nicht mehr tragen, er-tragen können und nehmen sich das Leben. Die Schwere der Schuld hat sie erdrückt. Ihr Schuldbewusstsein hat sie in den Wahnsinn, oder den Tod getrieben. Was eben daran liegt, das manche Dinge einfach nicht mehr ungeschehen gemacht werden können. Aber es ändert nichts an der eigentlichen Schuld. Hilft den Betroffenen in ihrem Verlust, oder Schmerz nicht weiter. Und dadurch ist sie auch weder gesühnt, noch beglichen.

Wenn wir also von Schuldzuweisungen, oder Schuldbekenntnissen reden, meinen wir damit, dass jemand die Verantwortung an dem Geschehenen übernimmt.

Das bedeutet auch, dass Fehlverhalten zugegeben wird, in der unausgesprochen Annahme und Hoffnung, dass dies nicht noch einmal geschieht. Dass daraus gelernt wird. Und das ist der entscheidende Punkt: die zukünftige Vermeidung von Verletzungen. Doch genau dies geschieht nie bei einem Menschen mit NPS. Er lernt nicht dazu. Ist ein Wiederholungstäter.

Die Frage der Schuld setzt immer auch voraus, dass man die Wahl hatte. Dass man bewußt eine (falsche) Entscheidung getroffen hat. Somit bin auch ich, als Opfer eines modernen Vampirs schuldig. Und das treibt mich extrem um. Wie schwer wiegt mein Eigenanteil an Schuld?

Ich hätte ja gehen können! Gut, hab ich ja gemacht, aber ich bin zurück gekommen. Ich hätte nicht bleiben müssen. Niemand hat mich dazu gezwungen.

Gut, ich war blind vor Liebe, aber was war das denn bitteschön für eine verquere Auffassung von Liebe? Hätte ich es nicht besser wissen müssen? Wieso hab ich all die Demütigungen und Verletzungen 25 Jahre ertragen? Da kann man sich als gesunder Mensch, doch nur an den Kopf fassen! Also meine Schuld?!

Hilft es mir, dass man das TRAUMABONDING nennt? Das es so viele psychologische Ausdrücke und exakten Beschreibungen dessen gibt, was mir widerfahren ist?

Fühl ich mich dadurch besser?

Wenn also der Narzisst für sein Handeln nicht in die Verantwortung gezogen werden kann, und das Opfer auch nicht, wer trägt denn dann die Verantwortung? Wie kann man aus Fehlern lernen, wenn man nicht weiß, wo sie liegen? Sind es die Eltern, die den einen zum Täter, die andere zum perfekten Opfer gemacht haben?

Bin ich zum Opfer geworden, weil ich als Kind weder ernst noch wirklich wahrgenommen wurde? In meinen Fähigkeiten und Eigenschaft nicht erkannt wurde.

Und welches Verhalten der Vampireltern hat dazu geführt, dass ein kleines Kind Schutz in einer Störung gesucht hat? Und wenn das so ist, warum haben diese Menschen, diese Eltern so gehandelt? Ist dies wieder die Schuld deren Eltern? Wo fängt man an, wo hört man auf?

Versuche ich zu verstehen, was da 25 Jahre lang mit mir passiert ist und ich mit der Schuldfrage nicht weiter komme, bleibt die Scham.

Ein Gefühl, dass ich bis dahin kaum kannte. Da ich stets versucht habe ein anständiger Mensch zu sein, oder zu werden, gab es wenig wofür ich mich je schämen musste. Jetzt aber schäme ich mich. Vor Allem für mich selbst.

Wie konnte ich so blöd sein? Wieso hab ich nicht auf mein Bauchgefühl gehört? Wieso wollte ich es besser wissen? Woran hab ich denn geglaubt? An die große, einzigartige Liebe, schon klar, aber welchen Preis war ich bereit dafür zu zahlen?

Hab ich nicht mir und Anderen die ganze Zeit was vorgemacht?

Das, was ich für Liebe hielt, heißt eigentlich TRAUMABONDING und mein Ritter in seiner schillernden Rüstung war ein Fake. Mein Held in Wahrheit ein kleines verstörtes Kind. Ich liebte einen Menschen, dessen ganzes Sein, von einer psychischen Dysfunktion geprägt war. Teilte mein Leben mit einer seelischen Störung.

Und als ob das nicht schon schlimm genug wäre, habe ich auch Andere in dieses aussichtslose Unterfangen mit rein gezogen.

Ich finde, dass ist Grund genug sich zu schämen!

Da hilft es auch nicht viel, dass ich ja nichts davon wußte und es deshalb ja nicht absichtlich getan hab. Ich war diejenige, die 25 Jahre an etwas geglaubt hat, was es schlicht und ergreifend nie gab.

Und das ist bitter. Und es beschämt mich.

Das mächtige Gefühl von Schuld und Scham tritt immer erst nach einer Entscheidung, einer Tat, einem Handeln auf. Man kann es nicht mehr ändern. Man kann tatsächlich nur daraus lernen.

Es genau analysieren und hoffen, sich in Zukunft anders zu verhalten. Doch wie sieht das aus, wenn einem die Augen nicht rechtzeitig geöffnet werden?

Wenn man allein bleibt mit einer Ahnung, einem Bauchgefühl, mit fehlendem Wissen. Immerhin reden wir von Liebe. Von Ehe. Von Emotionen. Von der Sehnsucht nach Geborgenheit, Anerkennung, Partnerschaft und Gemeinsamkeit. Wer ahnt schon, dabei auf einen modernen Vampir zu treffen? Wer ahnt überhaupt, dass sie gibt? Ich jedenfalls habe die Schuld größtenteils bei mir gesucht und auch dafür schäme ich mich im Nachhinein.

Für all die Briefe, Gespräche und Versuche meinen Vampir zu erreichen.Vergebene Liebesmüh. Vergeudete Zeit. Hoffnungslose Unterfangen. Aussichtslose Hoffnung. Beschämend!

Und trotzdem geht es mir heute besser damit, seit das Kind einen Namen hat (Welch schöne Doppeldeutigkeit)
Deshalb habe ich dieses Buch geschrieben.

UND DIE MORAL VON DER GESCHICHT'

....Diese Frage ist gar nicht so leicht zu beantworten.

Eigentlich müsste sie lauten:"Nicht alles was glänzt, ist Gold" oder:"Wer nach den Sternen greift, verliert die Bodenhaftung" Seid vorsichtig, achtsam und hinterfragt. Sicherlich ist das richtig, wenn es um moderne Vampire geht, aber was macht das mit den Menschen?

Es darf nicht vergessen werden, dass die bevorzugten Opfer eines Narzissten vor Allem Menschen mit einem hohen Potential an positiven Eigenschaften sind. Das, was man gemeinhin als "Gut-Mensch" bezeichnet und dazu gehört unbedingt auch eine gewisse Unschuldigkeit, vielleicht auch Naivität.

Gut-Menschen geben viel, hinterfragen im zwischenmenschlichen Bereich wenig und begegnen der Welt offen und frei.

Gut-Menschen sind das Gegenteil eines Narzissten. Andere Menschen sind oft sogar wichtiger, als sie selbst. Sie glauben an das Positive, wollen helfen, unterstützen und haben viel zu geben.

Vor Allem aber glauben sie an das Gute in der Welt und in anderen Menschen. Und genau das macht sie so angreifbar und interessant für einen modernen Vampir.

Doch warnt man sie nun, rät ihnen zur Vorsicht und dazu Menschen erstmal gründlich zu beobachten und mit einer gesunden Skepsis zu begegnen, verlieren sie auch einen wichtigen Teil, der sie ausmacht.

Denn genau das tun Gut-Menschen ja eben nicht!

Sie sind nicht zögerlich, kalkuliert und auf sich selbst bezogen. Sehen in ihrer Umwelt und anderen Menschen nichts "Böses". Sonst wären sie eben nicht das, was sie sind. Beraubt man ihnen diese Eigenschaften auf Grund schlechter Erfahrung, werden sie sich verändern. Weil dies in der Natur des Menschen liegt: aus Fehlern zu lernen!

Reagiert man aber auf eine zunehmend narzisstische Welt, muss das aber auch bedeuten, dass Gut-Menschen langsam aussterben.

Es macht keinen Sinn, sich an Werten, Normen und Moral zu orientieren, wenn dies nur zum eigenen Schaden führen.

Ich habe immer versucht ein „guter" Mensch zu sein. Mich an Werten, Moral, Ethik und meinem Gewissen zu orientieren. Aber genau das hat mich zu einem Opfer gemacht. Zu einem Missbrauchopfer. Also, wie gehe ich jetzt mit dieser Erfahrung um? Wie sehr bin ich jetzt bereit von meinen Werten Abstand zu nehmen, um weniger angreifbar zu sein? Eine schwierige Frage, denn ich will mich, meine Überzeugung und meinen festen Glauben an die Schönheit der Dinge und des Seins ja nicht verraten. Nicht aufgeben. Mich nicht verbiegen. NIE wieder!

Ein Dilemma in dem sicherlich jedes Opfer einer narzisstische - toxischen- Beziehung steckt. Denn genau das, was uns ausmacht zieht NPS an. Ist Futter für moderne Vampire: die Gutgläubigkeit, die Selbstlosigkeit, fehlende Berechnung und Unschuld.

Wenn ich von Unschuld rede, meine ich auch die fehlende Erfahrung, dass Menschen schlecht, böse, oder eben berechnend sein können.

Es gehört unbedingt zum Wesen eines Gut-Menschen dazu all diese Eigenschaften nicht zu besitzen. Und wenn man sie selbst nicht besitzt ist es schwer, sich das Gegenteil vorzustellen.

Stets eine gewisse Vorsicht gegenüber anderen Menschen zu haben, muss man lernen. Und der ist im Umgang mit modernen Vampiren unbedingt empfohlen. Doch verändert es auch diese Menschen mit all ihren positiven Eigenschaften. Nachhaltig!

Ich weiß, wovon ich spreche.

Um offen und frei zu sein, muss man sich sicher fühlen, indem was man denkt und fühlt. Wird Einem diese Sicherheit geraubt, verändert das zwangsläufig auch einen selbst und den Umgang mit anderen Menschen. Und das ist die Crux.

Sei lieb und nett, hilfsbereit und offen, ABER schau Dir die Menschen vorher genau an. Gib nicht zu viel von Dir preis. Bleib dabei auf der Hut. Bewahre Dir Eigenschaften, wie Gutmütigkeit, Vertrauensseligkeit und Begeisterungsfähigkeit, aber lerne diese zu kontrollieren.

Nimm Dich nicht wichtiger, als Andere, stell Deine Bedürfnisse nicht in den Vordergrund und sei nicht nur auf Deinen eigenen Vorteil bedacht. Sieh das Ganze, Große, ABER entzieh Dich Menschen, die Dir schaden. Gar nicht so leicht, denn es ist in vielen Punkten ein Paradoxon per se. Ein Widerspruch, der so nicht funktioniert.

Aber genau das wär der Rat, wär die Moral der Geschicht'.

Augen auf, Alles erstmal prüfen und immer schön Vorsicht walten lassen. Nicht jedem gleich sein Herz ausschütten und mit offenen Armen begegnen. Genau hinschauen. Gerade wenn es besonders schön und überwältigend wirkt, oder ist: Vorsicht! Und prüfen!

Damit nimmt man diesem Zauber aber auch seinen Reiz. Macht ihn gewöhnlicher, sortiert ihn in Schubladen und wird berechnend.

So bleibt am Ende noch die Frage, was ich getan hätte, wenn mir bewußt gewesen wäre, mit wem oder was ich es wirklich zu tun hatte. Oder besser, kann ein normal Sterblicher mit einem modernen Vampir zusammenleben, wenn dieser enttarnt ist?

Die Antwort muss NEIN lauten, denn erkennt man den Narzissten, wird schlagartig beiden Seiten die Basis ihre "Liebe" geraubt. Die Motivation, der Ansporn, das Bedürfnis.

Der Narzisst kann seine Spielchen nicht mehr spielen, was die Sache für ihn nicht nur sehr anstrengend macht, sondern bestenfalls unmöglich. Uninteressant für einen Vampir.

Und dem Opfer werden die Augen geöffnet, womit es seine "Unschuld" und Natürlichkeit im Umgang mit dem Narzissten verliert. Auch unbrauchbar für einen modernen Vampir.

Hat man einmal erkannt, auf welcher Basis diese Beziehung wirklich aufgebaut wurde, steht und funktioniert, kann man nicht mehr zurück! Denn wer ist schon gerne freiwillig Opfer? Ein Missbrauchsopfer!

Aber selbst wenn man aus tiefster Liebe und Verbundenheit nicht von dem Menschen, der der Vampir einst war und manchmal noch erkennen läßt, ablassen kann, wie sähe denn der zukünftige Umgang damit aus? Ein ständiges Hinterfragen, Zweifeln, Misstrauen seitens des Opfers und eine Verschärfung aller Möglichkeiten, seitens des Narzissten. Und das hält niemand auf Dauer durch und aus.

Außerdem sollte man einen Vampir niemals reizen. Auch das kann ich aus eigener Erfahrung sagen.

Vampire können extrem gefährlich, ja tatsächlich "blutrünstig" werden. Wer also glaubt, Enttarnung hilft um zukünftig eine bessere Beziehung zu führen, irrt!

Das Gegenteil ist nach meiner Erfahrung der Fall. Denn dann erst läuft der Vampir zu Höchstformen auf.

Beraubt man dem Vampir seiner sicheren Basis und dauerhaften Energiequelle, indem man ihn entlarvt, sind seinen Untaten keine Grenzen mehr gesetzt. Kein normaler Mensch kann sich auch nur ansatzweise vorstellen, was passiert, wenn man einen Narzissten verletzt. Wenn man einem Menschen, dessen ganzes Sein sich um die Befriedigung seiner Bedürfnisse dreht, genau das verwehrt und entzieht. Und verletzte Narzissten haben einen sehr langen Atem. Glauben Sie mir! Frei nach dem Motto: Wenn nicht mit mir, dann bist Du gegen mich! Wenn nicht mit mir, dann gar nicht! Und dabei können sie sehr zerstörerisch sein, ohne Rücksicht auf Verluste.

Also was nun? Erkennen, wissen, enttarnen hilft unbedingt, um sich überhaupt aus einer toxischen Beziehung lösen zu können, an der man früher oder später zerbricht. Aber leider ist das Spiel damit noch nicht zu Ende. Im Gegenteil, oft geht es dann erst richtig los. Schließlich muss sich der Vampir jetzt nicht mehr verstecken und kann all seine Fähigkeiten ungeschminkt einsetzen. Wird man einmal uninteressant für den Narzissten, verliert man auch das Schutzschild, der benötigten Energiequelle.

Die Erkenntnis, das Wissen um moderne Vampire mag Einen zukünftig davor schützen, aber der Schritt in die Freiheit wird Einem leider nicht leicht gemacht. Traurig aber wahr, oder wie es im Englischen so schön heißt "Catch-22"!

Ein erfolgreiches Überleben in einer toxischen Beziehung ist quasi unmöglich, aber eine Befreiung daraus häufig noch schmerz- und schadhafter. Hier wird oft übermenschliches von den Opfern verlangt, weshalb leider Einige von ihnen auf der Strecke bleiben. Gerade nach einer "erfolgreichen" Trennung.

Es darf nicht vergessen werden, das den Opfern von Vampiren oft Jahre lang Energie geraubt wurde. Dass sie sich ohnehin schon ausgesaugt und leer fühlen. Ihr Selbstbewusstsein, ihre Überzeugung und Liebe über lange Zeit bewußt destabilisiert wurde. (Siehe HYPERVIGILANZ).

Woher also jetzt noch die Kraft für eine Trennung mit anschließendem Kampf nehmen?

Einer Entscheidungsschlacht, die alle Reserven fordert. Denn kampflos gibt kein Narzisst auf. Niemals. Es ist widerspricht seiner Natur. Und trotzdem ist es der einzig vernünftige Schritt, den man tun kann. Trotzdem habe ich dieses Buch hoffentlich nicht umsonst geschrieben.

Also an alle Gut-Menschen, Hochsensiblen und netten, normalen Menschen: Hört auf Euer Bauchgefühl!!!! Bleibt, was ihr seid, aber schaut genauer hin! Und wißt um die Existenz von modernen Vampiren. Nur das schützt Euch. Bewahrt Euch Eure Kraft und Schönheit und glaubt an Euch. Nur das kann Euch retten.

Zum Abschluss ein Gedicht von dem französischen Märchenbuchautor CHARLES PERAULT, dass ich immer schon geliebt habe.....Und Trotzdem wohl nicht richtig zugehört habe.....

"Und die Moral von der Geschicht`
Mädchen weich vom Wege nicht.
Bleib allein und halt nicht an,
Traue keinem fremden Mann.
Geh nie bis zum bitt'ren Ende,
gib Dich nicht in fremde Hände.
Nur Deine Schönheit zieht sie an
und ein Wolf ist jeder Mann.
Merk Dir Eines: in der Nacht
ist schon mancher Wolf erwacht,
Weine um sie keine Träne:
Wölfe haben scharfe Zähne"
ROTKÄPPCHEN

Und da die englische Sprache Wörtern manchmal eine leicht andere
Bedeutung verleiht, hier die englische Version.Aus einem meiner
langjährigen Lieblingsfilme DIE ZEIT DER WÖLFE (The
Company auf Wolves) Schon die Titelübersetzung des Films hat
eine unterschiedliche Bedeutung! Trifft auf dieses Buch besser zu.

"Little girls, this seem to say
never stop upon your way
Never trust a stranger friend
- no one knows how it will end.
As your pretty so be wise
wolve may lurk in every guise
Now than this, as simple truth:
Sweetest tongue has sharpest tooth"

DANKSAGUNG

Ich möchte mich beim WORLD WIDE WEB bedanken. Bei den unfassbar großartigen Möglichkeiten, die uns heutzutage das Internet bietet. Insbesondere bei YOUTUBE, ohne diesen Kanal wäre dieses Buch nie entstanden. Aber auch bei GOOGLE und dessen diverse Internetplattformen, die mir geholfen haben ..... nun ich sag mal, meine eigenen Geschichte besser zu verstehen. Die die Möglichkeit boten, fundiert zu recherchieren und mich in einige Aspekte näher einzulesen. Vielen Dank also an all Jene, die das Internet im besten Sinne nutzen. Die sich ernsthaft Mühe geben, ihr Wissen, ihre Studien, Forschungen und Ergebnisse über digitale Plattformen dar zu legen.

Mein ganz besonderer Dank gilt allerdings einer Person, die bislang gar nichts von meiner Existenz wußte: Artemis Sengstock.
Liebe Arti, ohne Dich, hätte ich dieses Buch nie geschrieben.
Du hast mir Mut gemacht und auf die Idee gebracht!
In einem Deiner Videos (bei YOUTUBE) hast Du gesagt, dass Du immer wieder bedrängt wirst, ein Buch zu schreiben, Dir aber die Zeit dazu fehle. Kann ich mir gut vorstellen, denn das, was Du da leistest ist sehr Zeitintensiv. Vielleicht konnte ich Dir dieses Vorhaben mit meinem Beitrag dazu abnehmen.

Artemis Sengstock arbeitet als psychologische Beraterin für Opfer von Narzissten und kennt sich mit dem Thema NPS bestens aus. Vor Allem persönlich! Jede Woche veröffentlich sie ein neues Video zu diesem Thema bei YOUTUBE. Steht per Chat zur Verfügung, hat diverse "Stammtische" in Deutschsprachigen Ländern ins Leben gerufen und arbeitet zudem als Beraterin und Coach zu diesem Thema.
Hut ab, Arti. Denn Dein Handeln und Wirken bedarf viel Mut, Kraft und vor Allem ein gesundes Maß an "Psycho-Hygiene".
Das war auch eines meiner Hauptprobleme beim Schreiben dieses Buches. Immer wieder in diese Welt einzutauchen und sich mit persönlichen Schicksalen auseinander zu setzen, die immer auch was mit einem selbst und seinen Erlebnissen zu tun haben.
Als Empath geht das direkt ans Herz. Und an die missbrauchte Seele.

Da ich in meiner beruflichen Laufbahn, sowohl jahrelang als Coach gearbeitet habe, als auch psychologisch geschult bin, möchte auch ich meine langjährige Erfahrung in diesem Bereich Anderen zur Verfügung stellen. Nicht nur über dieses Buch, sondern auch als Anlaufstelle für Betroffene.

Ich wünschte, dieses Thema wäre in den letzten 20 Jahren bekannter gewesen und öffentlich so zugänglich, wie es heute der Fall ist. Trotzdem herrscht hier noch viel Aufklärungsbedarf. Trotzdem haben sehr viele Menschen immer noch keine Vorstellung davon, was NPS wirklich bedeutet und was es mit Betroffenen macht. Und hierbei meine ich durchaus beide Seiten. Sowohl die Menschen, die unter NPS leiden, als auch vor Allem deren Opfer.

Wenn all meine schmerzlichen Erfahrungen in diesem Bereich für irgend etwas gut gewesen sein sollen, dann sicherlich dafür, Anderen diesen langen Leidensweg zu ersparen. Durch Aufklärung, psychologische Unterstützung und Austausch auf gleicher Augenhöhe. Hier möchte ich mit meinem Wissen und meinen Erfahrungen gern helfen.

Ein ganz besonderer Dank geht an all die lieben Menschen, die mir finanziell unter die Arme gegriffen und mir dadurch erst ermöglicht haben, meinen Kopf über Wasser zu halten.

Dieser unfreiwillige Neustart in ein vollkommen neues Leben, das wieder bei null anfängt, war so ja nie geplant gewesen.

Vielen Dank dafür.

Besonders Dir lieber Vater.

MEINE VAMPIRISCHE MUSIKLISTE

Die aufgelisteten Lieder habe ich in unterschiedlichen Stationen meines Lebens mit meinem Vampir gehört, weshalb auch Aussage und Bedeutung unterschiedlich ist.

Das Lied der Lieder für mich ist und bleibt JAR OF HEARTS von CHRISTINA PERRI

Der Titelsong FOR A THOUSAND YEARS der zweiten Twilightsaga (Breaking Dawn) stammt übrigens auch von ihr.

Die Dame scheint sich auszukennen mit Vampiren ....

Vampire	OLIVIA RODRIGO
Jar of hearts	CHRISTINA PERRI
Moon over Bourbonstrett	STING
This years Love	DAVID GREY
Almost Lover	A FINE FRENZY
Man with the child in his eyes	KATE BUSH
Irgendwas, das bleibt	SILBERMOND
Aus Liebe wollt´ ich Alles wissen	ROSENSTOLZ
Gib mir Sonne	ROSENSTOLZ
Cold	ANNIE LENNOX
Honesty	ANNIE LENNOX
Why	ANNIE LENNOX
No more I love you	ANNIE LENNOX
Pavement Cracks	ANNIE LENNOX

Toxic   (BRITNEY SPEARS, Cover SOFIA KARLBERG)
Fix you   (COLDPLAY, schönes Cover CANON CITY)
Go your own way   (FLEETWOOD MAC, div. schöne Cover)
Everybody hurts   (REM, schönstes Cover THE CORRS)
Fight song   (RACHEL PLATTEN, div. schöne Cover)

LYRICS VAMPIRE Olivia Rodrigo

Hate to give the satisfaction, asking how you're doing now
How's the castle built off people you pretend to care about?
Just what you wanted
Look at you, cool guy, you got it
I see the parties and the diamonds sometimes when I close my eyes
Six months of torture you sold as some forbidden paradise
I loved you truly
Gotta laugh at the stupidity

'Cause I've made some real big mistakes
But you make the worst one look fine
I should've known it was strange
You only come out at night
I used to think I was smart
But you made me look so naive
The way you sold me for parts
As you sunk your teeth into me, oh
Bloodsucker, famefucker
Bleedin' me dry, like a goddamn vampire

And every girl I ever talked to told me you were bad, bad news
You called them crazy, God, I hate the way I called them crazy too
You're so convincing
How do you lie without flinching?
(How do you lie, how do you lie, how do you lie?)
Ooh, what a mesmerizing, paralyzing, fucked-up little thrill
Can't figure out just how you do it, and God knows I never will
Went for me, and not her
'Cause girls your age know better

You said it was true love, but wouldn't that be hard?
You can't love anyone, 'cause that would mean you had a heart
I tried you help you out, now I know that I can't
'Cause how you think's the kind of thing I'll never understand
I've made some real big mistakes
But you make the worst one look fine
I should've known it was strange
You only come out at night
I used to think I was smart
But you made me look so naive
The way you sold me for parts
As you sunk your teeth into me, oh
Bloodsucker, famefucker
Bleedin' me dry, like a goddamn vampire